现代财务会计与内部控制信息化研究

于 晨 周 莹 胡 静◎著

中国纺织出版社有限公司

内 容 提 要

本书围绕现代财务会计与内部控制信息化展开研究，在内容安排上共设置两篇：第一篇是财务会计相关内容，主要包括现代财务会计的基本理论、现代财务会计要素的核算、现代财务会计的信息化建设研究；第二篇是内部控制的相关内容，主要包括内部控制的基本理论、内部业务活动控制与评价体系、内部控制信息化建设实践研究。全书内容丰富，结构安排合理，在注重实用性、通俗性和可操作性的同时，力求体现现实性和前瞻性，既立足于财务会计的理论知识，又与现实的经济环境和会计实务相结合，能够反映现代财务会计与内部控制信息化的新动向和新发展，适合企业财务人员及管理人员阅读。

图书在版编目（CIP）数据

现代财务会计与内部控制信息化研究 / 于晨，周莹，胡静著. --北京：中国纺织出版社有限公司，2023.6（2024.3重印）
ISBN 978-7-5229-0658-4

Ⅰ. ①现… Ⅱ. ①于… ②周… ③胡… Ⅲ. ①企业内部管理—财务会计—信息化—研究 Ⅳ. ①F275.2

中国国家版本馆CIP数据核字（2023）第098953号

责任编辑：曹炳镝 段子君 责任校对：高 涵 责任印制：储志伟

中国纺织出版社有限公司出版发行
地址：北京市朝阳区百子湾东里 A407 号楼 邮政编码：100124
销售电话：010—67004422 传真：010—87155801
http://www.c-textilep.com
中国纺织出版社天猫旗舰店
官方微博 http://weibo.com/2119887771
北京虎彩文化传播有限公司印刷 各地新华书店经销
2023 年 6 月第 1 版 2024 年 3 月第 2 次印刷
开本：710×1000 1/16 印张：13
字数：179 千字 定价：99.00 元

凡购本书，如有缺页、倒页、脱页，由本社图书营销中心调换

　　随着时代的发展，建设网络强国，推动信息化建设已经成为国家建设以及各个行业、领域发展的重要任务，对于财务会计管理来说也是如此。在全新的经济背景下，必须加强并完善财务会计管理信息化建设，以此使企业跟上时代的脚步，实现更好的财务管理局面，实现自身的更好发展。财务会计信息化就是将会计工作与信息技术进行有效融合，利用信息技术的优势，使财务会计工作做到更加准确、高效。在信息化的视域下进行财务会计与内部控制工作，也可以使财务内部控制工作更加高效、合理地进行。

　　本书围绕现代财务会计与内部控制信息化展开研究，在内容安排上共设置两篇：第一篇是财务会计相关内容。首先以会计基础知识、财务会计的概念框架、会计目标与会计假设、会计信息的质量要求为切入，诠释现代财务会计的基本理论。然后从资产要素、收入、费用和利润要素、负债与所有者权益要素三个方面分析了现代财务会计要素的核算。最后从信息化技术对财务会计的影响、会计信息化的发展及推进意义、会计信息系统的构建与管理研究、财务会计信息化管理体系创新实践等方面对现代财务会计的信息化建设研究做了探讨。第二篇是内部控制的相关内容。首先从内部控制的产生与发展、内部控制的目标与原则、内部控制的要素及局限性、内部控制的一般流程、财务会计内部控制的加强等方面论述内部控制的基本理论。然后探究内部业务活动控制与评价体系，内容涵盖内部业务活动的控制、内部控制评价的相关知识、内部控制评价的组织与实施、内部控制评价体系及其构建。

最后为了突出实践性，分别从企业、高校、医院、商业银行四个领域探讨了内部控制信息化建设。

　　本书结构系统完整，注重时效性和实用性。在本书的创作过程中，作者参考和引用了众多专家和学者的研究成果，在此对相关作者表示诚挚的感谢。由于作者水平有限，书中不足和疏漏之处在所难免，诚恳地期望各位专家和读者批评指正。

作者

2023 年 3 月

目录

第一篇　财务会计

第二篇　内部控制

第一篇　财务会计

第一章　现代财务会计的基本理论

第一节　会计基础知识

一、会计的含义

会计是以货币为主要计量单位，采用专门方法和程序，对企业和行政、事业单位的经济活动进行完整的、连续的、系统的核算和监督，以提供经济信息和反映受托责任履行情况为主要目的的经济管理活动。

对会计的含义可概括为两层意思。

（一）会计是一个信息系统

会计的理论体系以会计目标为起点。会计目标主要明确为什么要提供会计信息，为谁提供会计信息。每个组织的经理，即使再有才能，也不可能靠观察日常经营活动就掌握全面情况。恰恰相反，他必须依靠会计程序将业务交易转变为能在会计报告中进行概括和汇总的统计数据，对为数众多的复杂变量进行连续、系统、全面、综合的处理，使之成为一目了然的会计信息。在现代社会，不仅企业内部的管理当局需要会计信息，企业以外与企业有经济关系的人员和机构也需要企业的会计信息，以便做出有关决策。而会计可以对企业经济活动的原始数据进行加工，通过确认、计量、报告、分析程序，产生以货币度量的会计信息，信息是会计工作所产生的结果，会计报告是传输这种结果的媒介。

会计作为一个信息系统，主要职能是将一个企业的经济数据变为对该企业财务决策方面有用的经济信息。它既处理过去的经济业务产生的数据（会计核算子系统），也处理现在和将来的经济业务产生的数据（会计预测子系统）；既提供财务会计信息（以财务报告的方式），也提供管理会计信息（以计划、预测和方案等方式）。总之，它将这些信息传递给使用者，使他们可据以做出较佳的判断和决策。

（二）会计是一种经济管理活动

在人类社会中，由于存在着资源的有限性和社会需要的无限性之间的矛盾，客观上就存在着合理配置资源的需求，因此必须对经济活动的过程和结果进行计量、计算，以评价经济上的得失。这是会计产生的原因，也是会计发展、完善的动因。会计应管理的要求而产生，其内容和方法也随着经济管理的需求而不断深化。会计实质上是人们运用会计方法对经济进行管理的一项实践活动。在非商品经济条件下，会计是直接对财产物资进行管理；在商品经济条件下，经济活动中的财产物资都是以价值形式表现的，因此，会计就是对价值运动进行"观念总结"和"过程控制"。会计的管理活动经过规划、组织、实施、检查等程序得以进行。在产生会计信息的同时，人们运用会计信息对价值运动进行组织、控制、调节和指导，以促使在经济活动中权衡利弊、比较得失、讲求经济效果。计划和控制是会计管理的基本职能；提高经济效益是会计管理的目标。正是由于会计直接介入管理过程，除担任提供信息的角色之外，还直接参与管理决策和控制，我们又将会计视为一种管理活动。

二、会计的特点

（一）客观性

会计账簿记录以会计凭证为基础，有利于真实、准确地反映企业的经营管理活动。准确填制和严格审核会计凭证，对实现会计职能，充分发挥会计作用具有重要意义。

（二）系统科学性

会计可以为经济活动提供及时、连续、全面和系统的数据。随着企业规模的扩大和经济活动的日益复杂，在企业管理方面，会计除了提供反映现状的指标外，还需要提供预测未来的数据，从而为企业的战略决策提供依据，最终实现企业的经营目标。

（三）价值性

会计要想全面、及时、连续、系统地反映企业经营活动，就必须以货币为综合的计量单位，而不能以各种实物为计量单位。企业的生产要素在实物形态上不具有相加性，这就不利于企业资产规模和结构的考察，货币为主要度量手段引入就使得这一矛盾迎刃而解，这是由生产要素在价值形式上具有同质性所决定的。

三、会计的对象

在不同的企业或单位，资金运动的形式和内容各有不同，因此会计的具体对象也有所不同。概括来说，会计的对象主要包括以下三个方面。

（一）资金投入

资本投资包括两部分：企业所有者投入的资本和债权人投入的资金。前者构成企业的所有者权益，后者构成企业的债权人权益。资金投入是企业获得资金的过程，是资金运动的起点。投入企业的资金一部分形成流动资产，另一部分形成企业固定资产等非流动资产。

（二）资金循环和周转

资金循环与周转即资金的运用，是指资金投入企业后，在供应、生产和销售环节不断循环与周转的过程，具体又分为供应、生产和销售三个阶段（表1-1）。

表1-1　资金循环和周转

资金循环和周转的阶段	具体阐述
供应阶段	在这个阶段，企业利用投入的资金购买并储备原材料等劳动对象，为生产产品做充分的物资准备，同时要发生材料买价、运输费、装卸费等材料采购成本，与供货方发生货款的结算关系
生产阶段	在这个阶段，生产工人借助机器设备对原材料进行加工生产，同时产生生产材料的消耗费用、工资费用、固定资产折旧费用，使企业与职工之间发生工资结算关系，单位之间发生劳务结算关系等
销售阶段	在这个阶段，企业将生产的产品对外销售，在取得销售收入的同时，还需要支付必要的销售费用，如包装费、运输费、广告费等，与购货商发生货款结算关系、与税务机关发生税务结算关系

（三）资金退出

资金退出是指资金离开本单位，退出资金的循环和周转。资金退出是资金运动的终点。

上述会计对象即资金运动的三个基本环节是相互支撑、相互制约的统一体。没有资金的投入，就不会有资金的循环和周转；没有资金的循环和周转，就不会有债务的偿还、税金的上缴和利润的分配等；没有资金的退出，就不会有新一轮的投入，也就不会有企业的进一步发展。

四、会计的职能

（一）会计的基本职能

1. 会计的核算职能

会计的核算职能是指会计管理活动以货币为主要计量单位，通过确认、计量、记录和报告，运用专门的方法，从数量上反映各单位已经发生或完成的经济活动，为经济管理提供完整、连续、系统的会计信息的功能。它是会计最基本的职能。

2. 会计的监督职能

会计监督是指会计机构、会计人员按照一定的目的和要求，利用会计核算所提供的信息，对企事业单位经济活动的全过程进行控制和指导，以达到预期目标的功能。会计的监督职能具有以下几个特点：

（1）会计监督的主体是会计机构、会计人员。

（2）主要利用各种价值指标对经济活动进行货币监督。

（3）会计监督的依据主要包括财经法律、法规、规章，会计法律、法规和国家统一会计制度等。

（4）会计监督贯穿于经济活动的全过程，包括事前监督、事中监督和事后监督。其中，事前监督主要表现为对计划和预算的审核；事中监督主要表现为对日常经济活动的适时限制和调整；事后监督主要表现为对已经完成的经济活动的合理性、合法性和有效性进行的检查、分析、评价以及必要的纠正活动。

（二）会计的拓展职能

除了基本职能外，会计还具有拓展职能，具体阐述如表 1-2 所示。

表 1-2　会计的拓展职能

会计的拓展职能	具体阐述
预测经济前景	是指根据会计报告等信息，对经济活动的发展变化规律进行定量或定性判断和推测，以指导和规范经济活动，提高经济效益
参与经济决策	是指基于财务会计报告等信息，采用定量和定性分析方法，对备选方案进行经济可行性分析，为企业生产经营管理提供决策相关信息
评价经营业绩	是指使用财务会计报告等信息，并使用适当的方法对企业资产在固定经营期内的经济效益和其他经营成果与相应标准进行比较，并进行定量和定性的比较分析，以做出真实的、客观公正的综合评价

五、会计信息使用者

（一）国家有关政府部门

国家是国民经济的管理者，企业是国民经济的细胞。为了制订宏观经济管理的调控措施，国家必然需要了解企业资源的配置情况、经济效益的高低等会计信息。同时，国家是国有企业主要或唯一的投资者。作为投资者，自然也需要会计信息。

（二）企业投资者

在所有权与经营权分离的情况下，企业投资者要了解企业的财务状况和企业管理当局的经营业绩，以判断管理当局是否实现了企业的经营目标；要分析企业所处行业的市场前景与发展潜力和面临的风险，以做出维持现有投资、追加投资还是转让投资的决策等。另外，对于企业潜在投资者而言，他们要利用会计信息评价企业的各种投资机遇，估计投资预期成本、收益及投资风险等，以便选择恰当的投资对象。

（三）企业债权人

债权人是企业信贷资金的提供者，信贷资金是企业资金最重要的来源之一。债权人提供信贷资金的目的是按照约定条件收回本金与获取利息收入。因此，为了掌握企业能否按时还本付息，债权人要了解企业负债的构成等会计信息，以便做出各种决策。

（四）企业职工

企业研究决定生产经营的重大问题、制订重要的规章制度时，企业研究决定有关职工工资、福利、劳动保险等涉及职工切身利益的问题时，都应当听取工会和职工的意见和建议。

（五）企业管理当局

企业管理当局为了履行受托责任，完成既定的经营目标，保证资本的保值与增值，实现股东财富最大化的财务目标，必须加强对企业的管理。而企业的会计信息是进行管理必须掌握的基本资料，也是制订企业未来经营决策的主要依据。

除上面所述及的会计信息使用者外，还存在许多其他会计信息使用者。例如，企业的供应商与客户出于自身利益也会关注企业的会计信息；对于上市公司，会计信息的使用者还涉及证券分析师与一般公众；经济学家同样是企业会计信息的使用者。

第二节　财务会计的概念框架

财务会计的概念框架是会计理论架构，在更高层面上描述财务会计的范围和目标，从而构成财务报告的内容、财务信息的质量特征以及会计报告的基本要素。通常认为财务会计概念框架由财务报告的目标、财务会计信息的使用者、会计要素及其确认和计量构成。

一、财务报告的目标和财务会计信息的使用者

（一）财务报告的目标

财务报告的目标是要求会计人员向报告使用者提供有用信息，并且财务报告的信息将有助于信息使用者进行科学决策。我国《企业会计准则——基本准则》指出："财务会计报告的目标是向财务会计报告使用者提供与企业财务状况、经营成果和现金流量等有关的会计信息，反映企业管理层受托责

任履行情况，有助于财务会计报告使用者作出经济决策。"

（二）财务会计信息的使用者

现代公司是通过一系列契约关系，将不同生产要素和利益集团组织在一起，进行生产经营活动的一种企业组织形式，是"契约关系"（或合同关系）的集合。在这个契约关系集合中，企业的所有者（股东）、债权人、经理、企业职工供应商，客户以及政府、社会等不同利益集团都是利益相关者，也是财务会计信息的使用者。每一利益集团均在企业中有不同的利益诉求，他们也从财务会计信息中取得其所需要的决策依据。

股东要得到投资收益领取股利，债权人按时收回债权和利息，管理人员期望得到好的管理效果，职工要得到相对稳定的工作和劳动报酬，供应商要得到销售收入和利润，客户要得到满意的产品或服务，政府要得到税收，社会需要企业履行企业的社会责任。财务会计通过确认、计量和记录经济业务，计算可分配利润，确定可供各方分配的利益。

二、会计要素及其确认和计量

（一）会计要素

会计要素是根据交易或事项的经济特征对会计对象所做的基本分类，是会计核算对象的具体化。会计要素按照其性质分为资产、负债、所有者权益、收入、费用和利润。其中，资产、负债和所有者权益要素侧重于反映企业的财务状况；收入、费用和利润要素侧重于反映企业的经营成果。

1.资产

资产是指企业过去的交易或事项形成的，由企业拥有或控制的，预期会给企业带来经济利益的资源。

资产具有以下几个方面的基本特征。

（1）资产预期会给企业带来经济利益。资产预期会给企业带来经济利益是指直接或者间接导致现金和现金等价物流入企业的潜力，资产是可以给企业带来现金流入的经济资源。资产具有交换价值和使用价值，可以可靠地用货币计量。

（2）资产是企业因为过去的交易或事项所形成的。过去的交易事项具体包括购买、生产、建造行为或其他交易或者事项。预期在未来发生的交易或者事项不形成资产。资产必须是现实资产，预期资产则不得作为资产确认。

（3）资产是企业拥有或控制的经济资源。资产是企业拥有或控制的经济资源是指企业享有某项资源的所有权，或者虽然不享有某项资源的所有权，但该资源能被企业所控制，如融资租入固定资产。

资产按其流动性一般分为流动资产和非流动资产。流动资产是指预计在一年内或超过一年的一个营业周期中变现、出售或耗用，或者主要为交易目的而持有的资产，如货币资金、交易性金融资产、应收票据、应收账款及预付账款及存货等。非流动资产是指流动资产以外的资产，即超过一个经营周期以上才能变现的资产。如可供出售金融资产、持有至到期投资、长期股权投资投资性房地产、固定资产、无形资产、开发支出、递延所得税资产等。

2. 负债

负债是指由企业过去的交易或事项形成的、预期会导致经济利益流出企业的现时义务。

负债具有以下几个方面的基本特征。

（1）负债的清偿预期会导致经济利益流出企业。负债通常是在未来某一时日通过交付资产或提供劳务等来清偿。尽管企业清偿负债的形式多种多样，但任何形式下的负债清偿都会导致经济利益流出企业。偿还负债的具体表现可能通过交付资产实现，也可能是提供劳务实现，还可能是一部分股权转让给债权人的方式实现。

（2）负债是由过去的交易或事项形成的。导致负债的交易或事项必须已经发生，凡未来交易或事项可能给企业形成的义务，不能确认为企业的负债。

（3）负债是企业承担的现时义务。现时义务是指企业在现行条件下已承担的义务。该现时义务包括法定义务和推定义务。法定义务是指具有约束力的合同或法律法规规定的义务，如长期借款等；推定义务是指企业多年来的习惯做法、公开承诺而导致的责任，如预计负债等。

负债按照期限分为流动负债和非流动负债。流动负债是指将在一年（含一年）或者超过一年的一个营业周期内偿还的债务。流动负债主要包括短期借款、应付账款、其他应付款一年内到期的长期负债、预收账款应付票据、应交税费、应付利息、应付职工薪酬等。非流动负债是指流动负债以外的负债，主要包括长期借款、应付债券等。

3. 所有者权益

所有者权益又称净资产，是指企业资产扣除负债后由所有者享有的剩余权益。公司的所有者权益又称股东权益。所有者权益的来源包括所有者投入的资本、直接计入所有者权益的利得和损失、留存收益等。具体包括实收资本（股本）、资本公积、其他综合收益、盈余公积、未分配利润。

利得是指由企业非日常活动所形成的、会导致所有者权益增加的、与所有者投入资本无关的经济利益的流入。损失是指由企业非日常活动所发生的、会导致所有者权益减少的、与向所有者分配利润无关的经济利益的流出。它是企业除了费用或分配给所有者之外的一些偶发性支出。利得和损失与收入和费用不同，它们不存在配比关系。我国会计制度中，利得和损失分为两类：直接计入所有者权益的利得和损失；直接计入当期损益的利得和损失。对于已实现的利得和损失计入当期损益，即记入"营业外收入"和"营业外支出"科目；对于未实现的利得和损失记入所有者权益，即记入"其他综合收益"或"资本公积——其他资本公积"科目，如可供出售金融资产公允价值变动的部分。

4. 收入

收入是指企业在日常活动中形成的、会导致所有者权益增加的、与所有者投入资本无关的经济利益的总流入。所谓的日常活动主要有销售商品提供劳务及让渡资产使用权、投资活动等。

收入具有如下几个基本特征。

（1）收入是从企业的日常活动中产生的，而不是从偶发的交易或事项中产生的。日常活动是指企业为完成其经营目标而从事的所有活动及与之相关的其他活动。例如，制造企业制造和销售产品、交通企业从事运输业务及服务性企业提供劳务等。企业也有一些日常并不经常发生，但与企业经营目标有关的其他业务，其发生所得应当作为收入。例如，企业出售原材料、出租固定资产和包装物等带来的经济利益也属于企业的收入。

（2）收入的取得会导致经济利益流入企业，该流入不包括所有者投入的资本。收入具体表现为资产的增加或负债的减少，或者两者兼而有之。例如，销售产品实现的收入一般表现为银行存款等资产的增加，当然也可能表现为预收账款等负债的减少。

收入会导致经济利益的流入，但不能因此而认为企业经济利益的流入就是收入，因为企业经济利益的流入有时是由所有者投入资本引起的。收入只包括本企业经济利益的流入，而不包括企业为第三方或者客户代收的款项，如增值税、代收利息等。

（3）收入能引起所有者权益的增加。与收入相关的经济利益流入最终会导致所有者权益的增加，而不会导致所有者权益增加的经济利益的流入，不符合收入的定义，不被确认为收入，如企业从银行取得的借款。

收入按性质分，可以分为销售商品收入、提供劳务收入和让渡资产使用权等取得的收入；收入按企业经营的主次分，可分为主营业务收入、其他业务收入等。

5. 费用

费用是指企业在日常活动中发生的、会导致所有者权益减少的、与向所有者分配利润无关的经济利益的总流出。

费用具有如下几个基本特征。

（1）费用是企业在日常活动中发生的经济利益的流出。费用是企业在日常生产经营活动中为获取收入而发生的必要支出。费用的发生会导致企业经济利益的流出，但这种流出会从企业的收入中得到补偿。

（2）费用会导致企业所有者权益的减少。费用既可能表现为资产的减少，如为购买办公用品而使用银行存款或现金等，也可能表现为负债的增加。

（3）费用与向所有者分配利润无关。向所有者分配利润属于利润分配的内容，不构成企业的费用。

费用包括营业成本（主营业务成本和其他业务成本）、税金及附加、期间费用（管理费用、财务费用和销售费用）等。

6.利润

利润是指企业在一定会计期间的经营成果。利润包括收入减去费用后的净额、直接计入当期利润的利得和损失等。

直接计入当期利润的利得和损失，是指应当计入当期损益的、会导致所有者权益发生增减变动的、与所有者投入资本或向所有者分配利润无关的利得或损失，即营业外收入和营业外支出。

利润具体指营业利润、利润总额和净利润。营业利润是指主营业务收入加其他业务收入，减去主营业务成本、其他业务成本、税金及附加、销售费用、管理费用、财务费用、资产减值损失，再加上公允价值变动损益和投资净收益后的净额。利润总额是指营业利润加营业外收入，减去营业外支出后的金额。净利润是指利润总额减去所得税费用后的金额。

（二）会计要素的确认和计量原则

1.权责发生制原则

权责发生制是指凡是当期已经实现的收入和已经发生或应当负担的费用，不论款项是否收付，都应作为当期的收入和费用处理；凡是不属当期的收入和费用，即使款项已在当期收付，都不应作为当期的收入和费用。

2.实际成本原则

实际成本原则，又称历史成本原则，是指企业的各项财产物资应当按取得或购建时的实际成本计价。实际成本核算原则要求对企业资产、负债、所有者权益等项目的计算基于经济业务的实际交易价格或成本，物价变动时，除国家另有规定者外，不得调整账面价值。

3.配比原则

配比原则是指收入与其相对应的成本、费用应当在同一会计期间相互配合，以便计算出当期损益。它要求在会计核算中，一个会计期间内的各项收入与其相关联的成本、费用，应当在同一会计期间内进行确认、计量、记录和对比。

收入和费用的上述配比，只有在权责发生制核算基础上才会产生，这种配比包括两方面的配比，一是收入和费用在因果关系上的配比；二是收入和费用在时间上的配比，属于同一会计期间。

4.划分收益性支出与资本性支出

会计核算应当严格区分收益性支出与资本性支出的界限，正确地计算企业的当期损益。

所谓收益性支出是指为取得本期收益而发生的支出，这种支出应当与本期收益配比。所谓资本性支出是指不仅为取得本期收益而发生的支出。换句话，凡是支出的效益仅与本会计年度相关时，应当作为收益性支出；凡支出的效益与几个会计年度相关时，应当作为资本性支出。

一般来说，收益性支出与资本性支出划分是否得当，对企业财务状况的可靠性和损益的确定将产生直接影响。如果一笔收益性支出按资本性支出处理了，则会造成费用少计而资产价值多计的结果，出现净收益虚增和资产价值虚增的现象，这种会计处理的结果直接对企业不利；反之，则有损于股东的利益。

（三）会计计量属性

计量属性是指被计量对象的特性或外在表现形式，即被计量对象予以数量化的特征。会计计量属性主要包括以下方面。

1.历史成本

在历史成本计量下，资产按照购置时支付的现金或者现金等价物的金额，或者按照购置资产时所付出的对价的公允价值计量。负债按照因承担现时义务而实际收到的款项或者资产的金额，或者承担现时义务的合同金额，或者按照日常活动中为偿还负债预期需要支付的现金或者现金等价物的金额计量。

2.重置成本

在重置成本计量下，资产按照现在购买相同或者相似资产所需支付的现金或者现金等价物的金额计量。负债按照现在偿付该项债务所需支付的现金或者现金等价物的金额计量。

3. 可变现净值

在可变现净值计量下，资产按照其正常对外销售所能收到现金或者现金等价物的金额扣减该资产至完工时估计将要发生的成本、估计的销售费用以及相关税费后的金额计量。

4. 现值

在现值计量下，资产按照预计从其持续使用和最终处置中所产生的未来净现金流入量的折现金额计量。负债按照预计期限内需要偿还的未来净现金流出量的折现金额计量。

5. 公允价值

在公允价值计量下，资产和负债按照市场参与者在计量日发生的有序交易中，出售资产所能收到或者转移负债所需支付的价格计量。

企业在对会计要素进行计量时，一般应当采用历史成本来计量，若采用重置成本、可变现净值、现值、公允价值计量的，应当保证所确定的会计要素金额能够取得并可靠计量。

第三节　会计目标与会计假设

一、会计目标

会计目标也称会计目的，是要求会计工作完成的任务或达到的标准，有助于财务会计报告使用者作出经济决策。

会计目标主要包括以下两个方面的内容。

（1）向信息使用者提供对决策有用的会计信息。它强调会计信息的相关性和有用性，要求会计能提供企业财务状况、经营成果和现金流量等方面的信息。

（2）向资源的提供者报告资源受托管理的情况。由于现代企业的所有权和经营权相分离，企业管理层是受委托经营和管理企业的。企业管理层作为受托者负有对委托者解释，说明其活动及结果的义务。而企业的财务状况、经营成果和现金流量等方面的信息是由会计提供的，因此，会计目标要求会计信息应能充分反映企业管理层受托责任的履行情况，帮助委托者评价企业经营管理和资源使用的有效性。

二、会计假设

（一）会计假设的概念

会计假设也称会计基本前提，或会计前提，是企业对交易或事项进行会计确认、计量和报告的必备前提，具体是指对会计核算所处的空间范围、时间范围、基本程序和计量单位等作出的合理设定。

会计假设是人们在会计实践中通过不断摸索和验证形成的合理推断，并在会计实践中长期奉行，普遍为人们所接受的前提。其所处的空间范围是对会计活动服务的对象做出的基本设定，时间范围是对会计服务对象经营活动的持续性做出的基本设定，基本程序是对会计服务对象经营活动的持续性进行合理的期间划分做出的基本设定，计量单位是对会计活动服务对象处理发生的交易或事项时采用的计量单位做出的基本设定。只有这些基本前提完全具备，才能保证会计管理活动的顺利开展。

（二）会计假设的内容

企业会计假设包括会计主体、持续经营、会计分期和货币计量四项内容。

1. 会计主体假设

会计主体假设要求企业对其本身发生的交易或者事项进行会计确认、计量和报告。为了向会计信息使用者提供对其决策有用的信息，会计确认、计量和报告应当集中反映特定会计主体所发生的交易或事项，需要切实注意以下两点：一是应将企业本身经营活动所发生的交易或事项与其他企业发生的交易或事项区别开来，即不能对与本企业无关的其他企业所发生的交易或事项进行确认、计量和报告；二是应将企业本身经营活动所发生的交易或事项与企业所有者个人的交易或事项区别开来，企业所有者个人的交易或事项，如企业所有者购买个人生活用品发生的支出等就不能作为企业的交易或事项进行确认、计量和报告。只有明确划清以上交易或事项的界限，才能切实反映企业自身的财务状况和经营成果。由此可见，明确界定会计主体是进行会计确认、计量和报告的重要前提。

明确界定会计主体假设的意义在于：

第一，只有明确会计主体，才能划定会计所要处理的各项交易或事项的空间范围。只有那些影响企业本身经济利益的各项交易或事项才能予以确认、计量和报告。会计上通常所讲的资产的确认、负债的确认、收入的实现和费用的发生等，都是针对特定的会计主体而言的。

第二，只有明确会计主体，才能将该会计主体的交易或事项与其他会计主体的交易或事项以及会计主体所有者个体的交易或事项区别开来。这样，会计才能紧密围绕会计应予处理的核心内容，根据会计目标的要求做好确认、计量和报告。

第三，只有明确会计主体，才能对该主体所发生的交易或事项的经济性质进行正确判断和处理。例如，A 与 B 两个企业间发生了一笔赊销、赊购商品的交易。对于两个企业来说，该交易具有截然不同的两种性质，会分别引起两个企业的债权 [应收账款（资产）] 和债务 [应付账款（负债）] 的不同方面的变化。作为销售、购买企业双方必须站在各自的角度进行确认、计量和报告。

2. 持续经营假设

持续经营是指在可以预见的未来，企业将会按当前的规模和状态继续经营下去，不会停业，也不会大规模削减业务。持续经营假设强调，会计确认、计量和报告应当以企业持续、正常的经营活动为前提。尽管企业的生产经营活动随时面临激烈的市场竞争，甚至会遭遇停业清理和破产清算等经营风险，但会计确认、计量和报告不应以这种异常的经营趋势为前提，而应以企业持续经营这种正常的经营趋势为前提。我国的企业会计准则体系就是以企业持续经营为前提而建立的，适用于持续经营企业的会计确认、计量和报告。

明确界定持续经营假设的意义在于：

第一，只有明确持续经营，才能划定会计所要处理的各项交易或事项的时间范围。即会计所确认、计量和报告的应当是企业正常经营活动期间发生的交易或事项。

第二，只有明确持续经营，才能为会计分期假设提供必要的基础。会计分期假设是建立在持续经营前提基础上的另一种假设。如果企业不能够持续经营，也就不可能进行会计分期。

3.会计分期假设

会计分期假设强调，企业应当划分会计期间，分期结算账目，并编制财务会计报告。在持续经营的企业，其生产经营活动是持续不断地进行的，企业应根据及时报告会计信息的要求，将持续经营的生产经营活动划分为一定的会计期间，以便按照会计期间分期结算账目，并在此基础上编制财务会计报告，及时地向会计信息使用者提供与其进行经济决策相关的会计信息。会计期间可按公历起讫日期划分为年度、半年度、季度和月度。

明确会计分期假设的意义在于：

第一，只有明确会计分期，才能有利于建立有条不紊的会计工作基本程序，便于及时结算账目，并以此为依据编制财务会计报告，向会计信息使用者及时提供相关会计信息。

第二，只有明确会计分期，才能合理地处理那些可能跨越若干会计期间的交易或事项，如固定资产折旧和无形资产摊销等。

第三，只有进行会计分期，才会有会计上的当前会计期间（本期）、以前会计期间（前期）和以后会计期间（后期）的差别，使会计主体拥有记账的基准。

4.货币计量假设

货币计量假设强调，企业会计应当以货币计量。在会计计量中，可能用到的计量单位有货币计量单位、实物计量单位和劳动计量单位等，但货币计量单位以外的计量单位都属于辅助性计量单位，凡会计上所计量的交易或事项，首先必须能够以货币单位计量。如果不能以货币单位计量，就不能确定这些交易或事项的变动金额，也就无法对其进行会计记录和报告。

明确界定货币计量假设的意义在于以下几点：

第一，只有明确货币计量，才能统一会计计量的基本单位。货币是商品的一般等价物，具有价值尺度、流通手段、贮藏手段和支付手段等特点，作为衡量一般商品价值的共同尺度，货币能计量所有交易或事项的全部内容，具有极强的适用性。

第二，只有采用货币计量，才有可能进行汇总和对比分析。企业采用统一的货币单位对所发生的交易或事项进行计量，反映的是这些交易或事项共有的价值方面的属性。因而，采用货币计量便于进行企业财务状况、经营成果和现金流量等的计量和报告，也便于对企业发生的所有交易或事项进行汇总和比较分析。

第四节　会计信息的质量要求

会计信息的质量要求是对企业财务会计报告中所提供会计信息质量的基本要求，是使财务报告中所提供的会计信息对投资者等使用者决策有用而应具备的基本特征。它包括可靠性、相关性、可理解性、可比性、实质重于形式、重要性、谨慎性和及时性八个方面。

一、会计信息要具有可靠性

可靠性要求企业应当以实际发生的交易或者事项为依据进行确认、计量和报告，如实反映符合确认和计量要求的各项会计要素及其他相关信息，保证会计信息真实可靠，内容完整中立。

企业应以实际发生的交易或者事项为依据进行确认、计量和报告，不得根据虚构的、没有发生的或者尚未发生的交易或者事项进行确认、计量和报告；会计人员需要依靠其扎实的专业文化素养，对会计信息进行可验证的处理，并能如实反映实际的交易和事项。

二、会计信息要具有相关性

相关性要求企业提供的会计信息应当与投资者等财务报告使用者的经济

决策需要相关，有助于投资者等财务报告使用者对企业过去、现在或者未来的情况作出评价或者预测。相关性的核心是决策有用。

会计信息质量的相关性要求企业在确认、计量和报告会计信息的过程中，充分考虑使用者的决策模式和信息需要。相关的会计信息应当能够有助于使用者评价企业过去的决策，证实或者修正过去的有关预测，因而具有反馈价值。相关的会计信息还应当具有预测价值，应有助于信息使用者根据财务报告所提供的会计信息预测企业未来的财务状况、经营成果和现金流量。

三、会计信息要具有可理解性

可理解性要求企业提供的会计信息应当清晰明了，便于投资者等财务报告使用者理解和使用。企业编制财务报告、提供会计信息的目的在于使用，而要使使用者有效使用会计信息，就应当能让其了解会计信息的内涵，清楚会计信息的内容，这就要求财务报告所提供的会计信息应当清晰明了，易于理解。只有这样，才能提高会计信息的有用性，实现财务报告的目标，满足向投资者等财务报告使用者提供有用的决策信息的要求。

会计信息毕竟是一种专业性较强的信息产品，在强调会计信息的可理解性要求的同时，还应假定使用者具有一定的有关企业经营活动和会计方面的知识，并且愿意付出努力去研究这些信息。对于某些复杂的信息，如交易本身较为复杂或者会计处理较为复杂，但其与使用者的经济决策相关，企业就应当在财务报告中予以充分披露。

四、会计信息要具有可比性

可比性是指一个企业的会计信息与其他企业的同类会计信息尽量做到口径一致，相互可比。这主要包括两方面可比：纵向可比和横向可比。

纵向可比是指同一企业不同时期可比。比较企业在不同时期的财务报告信息，全面、客观地评价过去、预测未来，从而作出决策，会计信息质量的可比性要求对同一企业不同时期发生的相同或者相似的交易或者事项应当采用一致的会计政策，不得随意变更。如果确有必要变更的，则有关会计政策变更的情况应当在附注中予以说明。

横向可比是指不同企业相同会计期间可比。为了便于投资者等财务报告使用者评价不同企业的财务状况、经营成果和现金流量及其变动情况，会计信息质量的可比性要求对不同企业同一会计期间发生的相同或者相似的交易或事项应当采用规定的会计政策，确保会计信息口径一致、相互可比，以使不同的企业能够按照一致的确认、计量和报告要求提供有关会计信息。

五、会计信息要实质重于形式

实质重于形式要求企业应当按照交易或者事项的经济实质进行会计确认、计量和报告，不能仅以交易或者事项的法律形式为依据。

在多数情况下，企业发生的交易或事项的经济实质和法律形式是一致的。但在有些情况下，外在法律形式并不能反映经济实质的内容，所以实质重于形式就是要求在对会计要素进行确认和计量时，应重视交易的实质，而不管其采用何种形式。

除融资租赁的核算体现实质重于形式外，长期股权投资后续计量成本法与权益法的选择、收入的确认、关联方交易的确定、合并报表的编制等会计处理都体现了实质重于形式的要求。

六、会计信息要具有重要性

重要性要求企业提供的会计信息应当反映与企业财务状况经营成果和现金流量等有关的所有重要交易或事项。在会计确认、计量过程中对交易或事项应当区别其重要程度，采用不同的核算方式。对资产、负债、损益等有较大影响，并进而影响财务会计报告使用者据以作出合理判断的重要会计事项，必须按照规定的会计方法和程序予以处理，并在财务会计报告中予以充分、准确的披露；对于次要的会计事项，在不影响会计信息真实性和不会导致财务会计报告使用者作出错误判断的前提下，可适当简化处理。

如果财务报告中提供的会计信息省略或者错报会影响投资者等信息使用者据此作出决策的，则该信息就具有重要性。重要性的应用需要依赖职业判断，企业应当根据其所处的环境和实际情况，从项目的质和量两个方面加以判断。从性质方面考虑，只要该会计事项对财务报告使用者的决策有重大影响，就应属于重要事项；从数量方面考虑，只要该会计事项达到总资产的一定比例，就应确认为重要事项。

七、会计信息要具有谨慎性

在市场经济环境下，企业的生产经营活动面临着许多风险和不确定因素。

会计信息质量的谨慎性要求企业在面临不确定因素的情况下作出职业判断时，应当保持应有的谨慎，充分估计出各种风险和损耗，既不高估资产或收益，也不低估负债或费用。谨慎性在会计中的应用包括对应收账款提取坏账准备、对存货提取存货跌价准备、固定资产加速折旧、企业内部研究开发项目阶段支出计入当期损益、预计负债的确认等。

但是，谨慎性的应用并不允许企业设置秘密准备，即不能滥用谨慎性，如果企业故意低估资产或收入，或者故意高估负债或费用，将不符合会计信息的可靠性和相关性要求，会损害会计信息质量，扭曲企业实际的财务状况和经营成果，从而对使用者的决策产生误导，造成会计秩序的混乱，这是会计制度所不允许的。

八、会计信息要具有及时性

及时性要求企业对于已经发生的交易或事项，应当及时进行确认、计量和报告，不得提前或者延后。

会计信息的价值在于帮助所有者或者其他使用者作出经济决策，它具有时效性。即使是可靠的、相关的会计信息，如果不及时提供，也会失去时效性，其对使用者的效用就大大降低了，甚至不再具有实际意义。在会计确认、计量和报告过程中贯彻及时性，一是要求及时收集会计信息，即在经济交易或者事项发生后，及时收集、整理各种原始单据或者凭证；二是要求及时处理会计信息，即按照会计准则的规定，及时对经济交易或者事项进行确认或计量，并编制财务报告；三是要求及时传递会计信息，即按照国家规定的有关时限，及时地将编制的财务报告传递给财务报告使用者，便于其及时使用和决策。

第二章 现代财务会计要素的核算

第一节 资产要素的核算

资产是财务会计中最重要的概念，是财务会计理论与方法构建的基础。本节围绕货币资金、固定资产与无形资产的核算展开论述。

一、货币资金核算

（一）货币资金的主要内容

货币资金是指企业在生产经营过程中以货币形态存在的那部分资产。按其用途和存放地点不同，可分为库存现金、银行存款和其他货币资金。库存现金是指存放在企业的人民币现金和外币现钞。银行存款是指存放在银行或其他金融机构的货币资金。其他货币资金是指除库存现金、银行存款以外的可以用于支付的各种其他货币资金，包括外埠存款、银行汇票存款、银行本票存款、信用卡存款和存出投资款。

货币资金是企业在日常经营活动中必须的一部分资产，在企业日常的经营活动中，会发生大量的有关货币资金的收付款业务，如购买原材料、购置设备、支付职工薪酬、发生各种费用、缴纳税金、归还银行借款等，会发生货币资金的支付，由于销售产品、接受投资等会发生货币资金的收款。为了企业经营的连续性，企业必须拥有一部分货币资金。企业的货币资金拥有量是企业支付能力的体现，是企业日常经营的保障，是投资者分析企业财务状况好坏的重要指标。

（二）库存现金的管理与核算

1. 库存现金的管理

库存现金是存放在企业财务部门，由出纳保管的现款，包括人民币现金和外币现金。

库存现金是企业资产中流动性最强的一种货币性资产，既可用于支付各项费用和清偿债务，也可以用于流通，购置各种物品。现金作为一种交换媒介，具有普遍的可接受性，一旦被人侵占，可以不经任何改变，就可以为任何人所占有。^因此，企业应加强对库存现金的管理和控制，保证其安全性和完整性。

（1）库存现金使用的范围。根据国家现金管理制度和结算制度的规定，企业收支的各种款项必须按照国务院颁发的《现金管理暂行条例》的规定办理，在规定的范围内使用现金。允许企业使用现金结算的款项有：

第一，职工工资、津贴。

第二，个人劳务报酬。

第三，根据国家规定颁发给个人的科学技术、文化艺术、体育等各种奖金。

第四，各种劳保、福利费用及国家规定的对个人的其他支出。

第五，向个人收购农副产品和其他物资的价款。

第六，出差人员必须随身携带的差旅费。

第七，结算起点以下的零星支出。

第八，中国人民银行确定需要支付现金的其他支出。

（2）现金收支的相关规定。

第一，企业在经营活动中发生的现金收入，应及时送存银行，不得直接用于支付自己的支出，即一般不得"坐支"。如因特殊情况需要坐支现金的，应事先报经开户银行审查和批准，由开户银行核定坐支范围和限额。

第二，企业不得用不符合财务制度的凭证顶替库存现金，即不得"白条

---

❶　吴育湘，杜敏. 财务会计 [M]. 镇江：江苏大学出版社，2018：18.

抵库"。

第三，不准谎报用途套取现金。

第四，不准将银行账户代其他单位和个人存入或支取现金。

第五，不准将单位收入的现金以个人名义存入储蓄，不准保留账外公款，即不得"公款私存"，不得设置"小金库"。

为了加强现金管理，满足企业日常零星开支的需要，减少现金的使用，国家采取了核定库存现金限额的管理办法。库存限额由开户银行根据企业的实际需要核定，一般应满足企业 3~5 天日常零星开支的需要。企业必须严格执行核定的库存现金限额，超过限额的库存现金，应及时送存银行；库存现金不足，可签发现金支票从开户银行提取。需要增加或减少库存现金限额的，应向开户银行提出申请，由开户银行核定。

2. 库存现金的核算

（1）库存现金的总分类核算。为了核算企业库存现金的增减变化及结存情况，企业应设置"库存现金"账户。该账户属于资产类账户，其借方登记库存现金的增加额，贷方登记库存现金的减少额，期末借方余额表示库存现金的结存额。企业收到现金时，借记"库存现金"账户，贷记有关账户。企业支付现金时，借记有关账户，贷记"库存现金"账户。

（2）库存现金的明细分类核算。为了加强现金的管理，企业除了进行库存现金的总分类核算外，还要设置"库存现金日记账"，进行序时登记，进行明细分类核算。库存现金日记账为订本式账簿，由出纳员根据审核后的收付款凭证，按业务发生的先后顺序，逐日逐笔进行登记，每日业务终了，要结出余额，与实存库存现金相核对，做到日清月结，保证账实相符。有多币种库存现金的企业，还应当按照币种分别设置"库存现金日记账"进行明细核算。

（3）备用金的核算。备用金是指企业财务部门拨付给内部用款单位或个人备作日常零星开支等的款项。备用金的报销是先借后用，凭据报销。对于备用金的核算，企业可单独设置"备用金"账户核算，也可以在"其他应收款"账户核算，备用金按管理方式的不同，可分为定额备用金和非定额备用金。

第一，定额备用金是财务部门根据企业内部各部门或个人零星开支的需要核定定额，拨付现金，供其使用，在其发生支出后，凭有关的支付凭证，到财务部门报销，补足其备用金。定额备用金的特点是使用部门或个人经常保持核定的现金定额，只有撤销定额备用金或定额备用金调整定额时，备用金才会发生变化。这种方法适应于经常性有费用开支的内部单位和个人。

第二，非定额备用金是财务部门对非经常使用现金的企业内部各部门或个人，根据每次业务所需要现金的数额拨付备用金，在其使用后，凭支付发票一次性到财务部门报销，多退少补，一次结清，下次再用时，重新办理手续。这种方法适应于不经常使用现金的单位和个人，如差旅费、小额的采购等业务。

（4）库存现金的清查核算。库存现金清查的目的是保证现金的安全，防止现金丢失或收支记账时发生差错，以及贪污、挪用公款的行为。库存现金的清查包括出纳员每日的清点和组成清查小组进行定期和不定期的清查，一般采用实地盘点法，并将库存现金实存数与日记账核对。对于清查的结果，应当编制现金盘点报告单，如果发现账实不符，有待查明原因的现金溢余和短缺，应先通过"待处理财产损溢"账户核算，调整库存现金账项，做到账实相符。

"待处理财产损溢"账户是资产类账户，核算企业在清查财产过程中查明的各种财产物资的盘盈（溢余）、盘亏（短缺）和毁损。期末借方余额表示尚未处理的盘亏，期末贷方余额表示尚未处理的盘盈。发生盘盈时，借记"库存现金""原材料"等账户，贷记本账户；发生盘亏时，借记本账户，贷记"库存现金""原材料""库存商品"等账户。

溢余和短缺报经管理部门批准后，将发生的短缺和溢余分别处理，主要有以下两个方面：

第一，如为现金短缺，属于应由责任人赔偿或保险公司赔偿的部分，计入其他应收款；属于无法查明原因的，计入管理费用。

第二，如为现金溢余，属于应支付给有关人员或单位的，应计入其他应付款；属于无法查明原因的，计入营业外收入。

（三）银行存款的管理与核算

1.银行存款的管理

银行存款是指企业存放于银行或其他金融机构的货币资金。按照国家现金管理和结算制度的规定，每个企业都要在银行开立账户，称为结算户存款，用来办理存款、取款和转账结算。

企业在银行开设账户以后，除按规定可以通过库存现金进行收支活动以外，均必须以银行存款进行收支结算，超过限额的库存现金也必须送存银行。任何单位都必须按照相关规定进行银行存款的管理，对于银行存款的存、取和转账业务，应进行严格的审批，认真审查银行存款收支的合法性和合理性，并建立一套严密的内部控制制度。通常，企业的出纳人员负责银行存款的收付，保管签发支票，登记银行存款日记账；会计人员则负责银行存款收支业务的审核工作，并登记银行存款总账。

（1）银行存款的开户管理。为了维护金融秩序，规范全国的银行账户的开立和使用，中国人民银行制定了《人民币银行结算账户管理办法》，规定：企业可以根据需要在银行开立四种账户、包括基本存款账户，一般存款账户、临时存款账户和专用存款账户。

第一，基本存款账户是企业办理日常转账结算和现金收付而开立的银行结算账户。

第二，一般存款账户是企业在基本存款账户开户银行以外的银行营业机构开立的结算账户，可以办理借款转出、借款归还、转账及现金缴存，但不得提取现金。

第三，临时存款账户是企业因临时经营需要并在规定期限内使用而开立的账户，企业可以通过本账户办理转账结算和根据国家现金管理的规定办理现金的收付。企业注册验资、在异地临时有经营活动，或设立临时性的机构等情况可以开立临时存款账户，但有效期最长不超过两年。

第四，专用存款账户是企业因特殊用途需要开立的账户。按照《银行账户管理办法》的有关规定，只有法律、行政法规规定要专户使用的资金，才纳入专用存款账户的管理。例如，对基本建设资金、粮棉油收购资金等的存款人才可以开立专用存款账户。

　　一个企业只能开设一个基本存款账户，根据需要可以开立多个一般存款账户，但不得在同一家银行的几个分支机构开立多个一般存款账户。

　　（2）银行存款账户的管理。企业在开立存款账户后，必须严格执行银行结算纪律的规定，具体内容包括：

　　第一，合法使用银行存款账户，不得转借其他单位或个人使用；不得用银行账户进行非法活动。

　　第二，不得签发没有资金保证的票据和远期支票，套取银行信用。

　　第三，不得签发、取得和转让没有真实交易和债权债务的票据，套取银行和他人资金。

　　第四，不准无理拒绝付款，任意占用他人资金。

　　第五，不准违反规定开立和使用账户。

　　2. 银行存款的核算

　　（1）银行存款的总分类核算。为了核算银行存款的收入、支出及结存，企业应设置"银行存款"账户。该账户属于资产类账户，其借方登记存入银行或其他金融机构的款项，贷方登记从银行提取或支付的款项，期末余额在借方，反映企业存在银行或其他金融机构存款的实际结存数。企业将款项存入银行或其他金融机构时，借记"银行存款"账户，贷记"主营业务收入""应收账款"等账户；由于采购或支付费用提取或支付存款时，借记"材料采购""管理费用"等账户，贷记"银行存款"账户。

　　（2）银行存款的明细分类核算。为了加强对银行存款的管理，企业除了对银行存款进行总分类核算外，还要设置"银行存款日记账"，对企业的存款进行序时登记，进行明细分类核算。银行存款日记账采用订本式账簿，由出纳员根据审核后的收付款结算凭证，按经济业务发生的先后顺序逐日逐笔登记，每日终了，要结出余额，定期与银行核对，保证账实相符。有外币业务的企业，还应分别按人民币和外币设置银行存款序时登记，设立多个存款账户的，要按银行账户设立日记账，分别进行序时登记。

（3）银行存款的清查核算。企业应定期或不定期地进行银行存款的清查。银行存款的清查是指企业银行存款日记账的账面余额与其开户银行转来的对账单的余额进行的核对。为了防止记账发生差错，正确掌握银行存款实际数额，企业应当定期与银行核对账目，对银行存款进行清查。如果企业发现银行存款日记账的余额与其开户银行转来的对账单的余额有差额，则必须逐笔查明原因，及时纠正。

通常情况下，银行存款日记账的账面余额与其开户银行转来的对账单的结存数不一致的原因可能有两种：一种是企业或者银行记账有差错，另一种是因为存在未达账项。所谓未达账项，是指由于企业与银行取得凭证的实际时间不同，导致记账时间不一致，而发生的一方已取得结算凭证且已登记入账，而另一方未取得结算凭证尚未入账的款项；不包括遗失结算凭证、发现的待补结算凭证。

企业和银行之间可能会发生以下四个方面的未达账项：一是银行已经收款入账，而企业尚未收到银行的收款通知因而未收款入账的款项（银行已收而企业未收）。二是银行已经付款入账，而企业尚未收到银行的付款通知因而未付款入账的款项（银行已付而企业未付）。三是企业已经收款入账，而银行尚未办理完转账手续因而未收款入账的款项（企业已收而银行未收）。四是企业已经付款入账，而银行尚未办理完转账手续因而未付款入账的款项（企业已付而银行未付）。

银行存款余额调节表是企业为了核对本企业与银行双方的存款账面余额而编制的列有双方未达账项的一种报表。具体编制方法是在银行与开户单位的账面余额的基础上，加上各自的未收款、减去各自的未付款，再计算出双方余额。通过余额调节表后的余额才是企业银行存款实存数。

银行存款余额调节表编制所依据的基本公式：

银行对账单余额+银行未收款-银行未付款=企业银行存款日记账的余额+

企业未收款-企业未付款

经过调节，如果双方账面余额相等，一般说明没有记账错误；如果不相等，则应进一步查明原因，及时更正。至于未达账项，应在结算凭证达到以后记账。"银行存款余额调节表"余额中所列双方相等的调节后的余额，是企业在编制"银行存款余额调节表"对账日可以动用的银行存款实有额。值得注意的是，银行存款余额调节表只是为了核对账目，并不能作为调整银行存款账面余额的原始凭证。企业仍然应该以客观发生的业务为依据来进行会计核算，"银行存款余额调节表"只是用来核对企业与银行记账有无差错，反映企业实际可动用的银行存款余额。

二、固定资产核算

（一）固定资产概述

企业在进行正常的生产经营过程中，除要拥有一定的流动资产之外，还必须拥有相应的固定资产。固定资产与其他资产一样，是企业赖以生存的物质基础，是企业产生经济利益的源泉，关系到企业的正常运营与持续发展。固定资产与流动资产之间的区别较大，主要表现在：第一，从它们在企业的生产经营活动中所发挥的作用看，固定资产是属于企业的劳动资料，流动资产一般是属于企业的劳动对象；第二，从资金存在形态看，固定资产表现为固定资金形态，而流动资产则表现为货币资金、储备资金、生产资金和成品资金等形态；第三，从使用寿命看，固定资产的使用寿命应超过一个会计年度，而流动资产的使用寿命一般不会超过一个会计年度。由此可见，无论是从固定资产和流动资产概念的界定，还是它们所发挥的作用，以及它们的资金存在形态等方面看，它们之间都存在较大的区别。

（二）固定资产的确认

一项资产仅符合固定资产定义，并不能作为固定资产确认和核算。固定资产只有同时满足下列条件的，才能予以确认。

1. 与该固定资产有关的经济利益很可能流入企业

我们知道，预期会给企业带来经济利益是资产最为重要的特征。换言之，如果某一项目预期不能给企业带来经济利益，就不能确认为企业的资产。固定资产是企业的一项重要资产，其当然要能预期为企业带来经济利益。但是，对固定资产的确认，关键需要判断其所包含的经济利益是否很可能流入企业，这里的"很可能"要求其发生的概率在50%以上。如果某一固定资产包含的经济利益不是很可能流入企业，那么，即使其满足固定资产确认的其他条件，企业也不应将其确认为固定资产；如果某一固定资产包含的经济利益很可能流入企业，同时满足固定资产确认的其他条件，那么，企业才能将其确认为固定资产。

在实际工作中，"很可能"往往是一个会计职业判断问题。判断固定资产包含的经济利益是否很可能流入企业，主要是依据与该固定资产所有权相关的风险和报酬是否转移到了本企业。其中，风险是指由于经营情况变化造成的相关收益的变动，以及由于资产闲置、技术陈旧等原因造成的损失；报酬是指在固定资产使用寿命内直接使用该资产而获得的经济利益，以及处置该资产所实现的收益等。一般而言，取得固定资产的所有权是判断与固定资产所有权相关的风险和报酬转移到企业的一个重要标志。凡是所有权已属于企业，无论企业是否收到或持有该固定资产，均应作为本企业的固定资产；反之，如果没有取得所有权，即使存放在企业，也不能作为本企业的固定资产。

在具体运用固定资产确认的第一个条件时，要特别注意那些能够间接为企业带来未来经济利益的资产。例如，企业购置的安全设备和环境保护设备等，这些设备虽然不能直接为企业带来经济利益，但是，由于这些设备的使用能够有助于其他资产更好地为企业创造经济利益，从这个意义上讲，它们也为企业经济利益做出了贡献。所以，在消防设备、救护设备等安全设备以及排污设备等环保设备的购置成本能够可靠计量的情况下，也应将其确认为企业的固定资产。

2. 该固定资产的成本能够可靠计量

固定资产的成本指的是企业取得固定资产时所发生的各种支出。例如，企业外购某一固定资产时，所支付的购买价款、相关税费，以及使固定资产在达到预定可使用状态前所发生的可归属于该项资产的运输费、装卸费、安装费和专业人员服务费等，都属于企业取得该项资产所发生的必要支出，因而应全部计入该固定资产的成本。但这些成本的确定必须有可靠的依据，必须取得能够证明购买固定资产支出的发票、运输费单据、装卸或安装费用单据等凭据。又如，企业自行建造固定资产的成本应由建造该项资产达到预定可使用状态前所发生的各项支出构成。如会发生建筑材料费、施工人员费和工程机械使用费等，如果该项目的资金来自银行长期借款，还会发生长期借款利息支出等，这些自行建造固定资产的支出都应依据有关可靠凭证计入所建房屋的成本。

（三）固定资产的计量

1.固定资产的初始计量

固定资产的初始计量指的是，企业对以不同方式取得的固定资产成本的确定。固定资产一般都是按照实际成本来核算的，但由于企业的固定资产来源方式不同，因此其初始成本计量的方法也各不相同。

（1）外购固定资产成本的计量。企业外购固定资产的成本，包括购买价款、相关税费，使固定资产达到预定可使用状态前所发生的可归属于该项资产的运输费、装卸费、安装费和专业人员服务费等。值得注意的是，按相关规定，企业购建生产用机器设备及交通工具类固定资产所发生的增值税进项税额可以从销项税额中抵扣，因此，涉及增值税的生产用固定资产的入账价值不包括允许抵扣的增值税进项税额。

外购固定资产分为购入不需要安装的固定资产和购入需要安装的固定资产两类。

第一，购入不需要安装的全新固定资产。购置时，只需根据购置固定资产实际支付的买价、包装费、运输费、安装成本、交纳的有关税金确定原价，并按原价借记"固定资产"账户，贷记"银行存款"账户。如果在购入时暂时没有支付货款，则应该贷记"应付账款"账户。

在固定资产购置中还有一种常见的情况，就是一揽子买进不同类型的固定资产。由于这一揽子固定资产中的各项固定资产的原价不同，新旧程度不同，使用寿命也不同，计提折旧的要求也不同，因此，总的买价必须在不同固定资产之间进行分配。通常的做法是，以各种固定资产相应的估计价值或现行市价为基础来分配一揽子购置的价格。

第二，购入需要安装调试的全新固定资产。如果企业取得的固定资产必须经过安装调试阶段方能达到预定工作状态，那么在安装调试过程中也必然会发生一定的成本。这些安装调试成本也应该包括在固定资产原价中。因此，需要设置"在建工程"账户，该账户借方登记需要安装调试的固定资产购入成本以及购入后发生的安装调试支出。在安装调试完成后，再将该项固定资产达到使用状态前的全部支出从"在建工程"账户结转至"固定资产"账户，作为该项固定资产的原始价值。这个账户属于资产类账户，其借方余额为企业期末尚未完工的工程成本。

（2）自行建造的固定资产。自行建造的固定资产，其成本由建造该项资产达到预定可使用状态前所发生的必要支出构成，包括工程用物资成本、人工成本、缴纳的相关税费、应予资本化的借款费用以及应分摊的间接费用等。其中，应计入固定资产成本的借款费用，应当按照《企业会计准则第17号——借款费用》的相关规定处理。

自行建造固定资产包括自营方式建造和出包方式建造两种情况。

第一，自营方式建造固定资产。企业以自营方式建造固定资产，首先要购买各类工程物资。企业为在建工程准备的各种物资，应按实际支付的购买价款、运输费、保险费等相关税费，作为实际成本，并按各种专项物资的种类进行明细核算。

企业购买工程物资时，按实际支付的不含税的价款，借记"工程物资"科目，按工程物资的进项税额，借记"应交税费——应交增值税（进项税额）"科目；按实际支付的价款，贷记"银行存款"科目。在建工程领用工程物资时，借记"在建工程"科目，贷记"工程物资"科目。因在建工程发生的相关支出，借记"在建工程"科目，贷记"原材料""应付职工薪酬"等科目。工程建造完毕达到预定可使用状态时，借记"固定资产"科目，贷记"在建工程"科目。

工程完工后剩余的工程物资，如转作本企业库存材料，应按其实际成本进行结转，借记"原材料"科目，贷记"工程物资"科目。盘盈、盘亏、报废、毁损的工程物资，减去保险公司、过失人赔偿部分后的差额，工程项目尚未完工的，计入或冲减所建工程项目的成本；工程已经完工的，计入当期营业外收支。

工程达到预定可使用状态前因进行负荷联合试车所发生的净支出，计入工程成本，企业的在建工程项目在达到预定可使用状态前所取得的负荷联合试车过程中形成的，能够对外销售的产品，其发生的成本，计入在建工程成本；销售或转为库存商品时，按其实际销售收入或预计售价冲减工程成本。

在建工程发生单项或单位工程报废或毁损，减去残料价值和过失人或保险公司等赔款后的净损失，工程项目尚未达到预定可使用状态的，计入继续施工的工程成本；工程项目已达到预定可使用状态的，属于筹建期间的，计入管理费用；不属于筹建期间的，计入营业外支出。如为非正常原因造成的报废或毁损，或在建工程项目全部报废或毁损，应将其净损失直接计入当期营业外支出。

所建造的固定资产已达到预定可使用状态，但尚未办理竣工决算的，应当自达到预定可使用状态之日起，根据工程预算、造价或者工程实际成本等，按估计价值转入固定资产，并按规定计提固定资产折旧，待办理了竣工决算手续后再作调整；但对于已计提的折旧，不再追溯调整。

第二，出包方式建造固定资产。企业采用出包方式建造固定资产，其成本由建造该项资产达到预定可使用状态前所发生的必要支出构成，具体包括发生的建筑工程支出、安装工程支出，以及分摊计入固定资产的待摊支出。其中，待摊支出，是指在建设期间发生的，不能直接计入某项固定资产价值，而应由所建造固定资产共同负担的相关费用，包括为建造工程发生的管理费、可行性研究费、临时设施费、公证费、监理费等。

在出包方式下，企业应按合理估计的工程进度和合同规定结算的进度款，借记"在建工程"科目，贷记"银行存款""预付账款"等科目。工程完成时，按合同规定补付的工程款，借记"在建工程"科目，贷记"银行存款"等科目。企业将需安装设备运抵现场安装时，借记"在建工程"科目，贷记"工程物资"科目；企业为建造固定资产发生的待摊支出，借记"在建工程——待摊支出"科目，贷记"银行存款""应付职工薪酬""长期借款"等科目。

采用出包方式建造固定资产发生的、需分摊计入固定资产的待摊支出，应按下列公式计算：

待摊支出分配率=累计发生的待摊费用÷（建筑工程支出+安装设备支出）

应分配待摊支出=（建筑工程支出+安装工程支出+安装设备支出）×

分配率

（3）其他方式取得的固定资产。

第一，投资者投入固定资产。投资者投入固定资产的成本，应当按照投资合同或协议约定的价值确定，但合同或协议约定价值不公允的除外。

第二，融资租入固定资产。融资租入固定资产的入账价值，应当遵循《企业会计准则第21号——租赁》的相关规定处理。

第三，非货币性资产交换、债务重组等方式取得固定资产。非货币性资产交换、债务重组等方式取得固定资产的成本，应当分别遵循《企业会计准则第7号——非货币性资产交换》及《企业会计准则第12号——债务重组》的相关规定处理。

2. 固定资产的后续计量

固定资产后续计量包括固定资产折旧和固定资产后续支出两个环节。

（1）固定资产折旧。企业所有的固定资产在其使用年限内，由于不断在发生有形损耗和无形损耗，最后必然会有新的固定资产来替换它。为保证企业更新固定资产的资金来源，固定资产的原始价值应在其预计使用年限内逐渐转移到所生产的产品上去，最终从产品的销售收入中收回。固定资产折旧指的就是，采用一定的方法将固定资产的原始价值减去预计净残值后的净额，并且在预计使用寿命内进行分摊的过程。

企业应计提折旧的固定资产包括生产经营用的固定资产、非生产经营用的固定资产、租出固定资产等在用的固定资产。具体来说，主要包括：①房屋和建筑物及仓库，不管是否使用都应计提折旧；②在用的机器设备、仪器仪表、运输工具；③季节性停用、大修理停用的设备；④融资租入和以经营租赁方式租出的固定资产。

不应计提折旧的固定资产，主要包括：①除房屋和建筑物以外的未使用、不需用的机器设备；②在建工程项目交付使用以前的固定资产；③以经营租赁方式租入的固定资产；④已全额计提减值准备的固定资产；⑤已提足折旧继续使用的固定资产；⑥未提足折旧提前报废的固定资产；⑦过去已经估价单独入账的土地；⑧破产、关停企业的固定资产；⑨国家规定不提折旧的其他固定资产。

企业固定资产的折旧方法可选用平均年限法（即直线法）、工作量法、采用双倍余额递减法和年数总和法。

第一，平均年限法。平均年限法是固定资产在预计使用年限内，根据其原始价值和预计净残值平均分摊固定资产折旧总额的一种方法。采用这种方法计算的固定资产折旧额在各个使用年（月）份都是相等的，累计的折旧额在平面直角坐标系上表现为一条直线，因此这种方法也称为直线法。这种方法计算简单，被大部分旅游企业广泛采用。计算公式如下：

$$固定资产年折旧额 = \frac{固定资产原值 - （预计残值收入 - 预计清理费用）}{预计使用年限}$$

或：
$$固定资产年折旧额 = \frac{固定资产原值 \times （1 - 预计净残值率）}{预计使用年限}$$

$$固定资产年折旧率 = \frac{1 - 预计净残值率}{预计使用年限} \times 100\%$$

$$固定资产月折旧额 = 固定资产原值 \times 固定资产月折旧率$$

$$固定资产月折旧率 = \frac{固定资产年折旧率}{12}$$

第二，工作量法。工作量法就是按照固定资产在使用期间预计的工作量平均分摊固定资产折旧总额的方法。这种方法是根据企业经营活动或设备的运营情况，来计提折旧。工作量法按工作量计算折旧。其公式为：

$$单位工作量折旧额 = \frac{固定资产原值 \times （1 - 预计净残值率）}{预计总工作量}$$

第三，双倍余额递减法。双倍余额递减法是在不考虑固定资产残值的情况下，以平均年限法折旧率的双倍为折旧率，再乘以固定资产在每一会计期间账面净值，计算每期固定资产折旧额的一种方法。计算公式如下：

$$年折旧率=\frac{2}{预计使用年限}\times100\%$$

$$年折旧额=固定资产年初账面净值\times年折旧率$$

$$月折旧额=\frac{年折旧额}{12}$$

采用双倍余额递减法时需要注意，由于这种方法最终不能将应计折旧额分配尽，因此会计制度特作规定：在固定资产预计使用年限到期以前两年内，要将固定资产净值平均摊销完。也就是说这种方法不能单独使用，需同平均年限法结合使用。

第四，年数总和法。年数总和法是根据固定资产在预计使用年限内的折旧总额，乘以每期递减的折旧率，计算每期固定资产折旧额的方法。采用这种方法时，由于折旧率是一个变量，因此年数总和法又称为变率递减法。计算公式如下：

$$年折旧率=\frac{折旧年限-已使用年限}{折旧年限（折旧年限+1）\div2}$$

$$年折旧额=（固定资产原值-预计净残值）\times年折旧率$$

同一项固定资产采用平均年限法、双倍余额递减法、年数总和法提取的年折旧额是不一样的。采用平均年限法计提折旧是一种匀速折旧法，即相同会计期间提取的折旧是一样的。而采用双倍余额递减法、年数总和法提取折旧是一种加速折旧法，即在固定资产的使用初期多提折旧，后期少提折旧。

（2）固定资产后续支出。

第一，固定资产后续支出，是指企业在固定资产持续使用过程中发生的维护修理费用和更新改造支出等。

从会计处理的角度看，固定资产后续支出既可能计入固定资产成本，也可能计入当期损益。其确认原则为：固定资产后续支出如果符合固定资产确认条件的（即该支出很可能导致流入企业的经济利益超过了原先的估计，且支出的金额能够可靠计量），则应将其予以资本化，计入固定资产账面价值，同时将被替换部分的账面价值扣除；如果后续支出不符合固定资产确认条件的，则应将其费用化，计入当期损益。

第二，资本化的后续支出，是指符合固定资产确认条件且计入固定资产成本的支出。企业发生的可资本化的后续支出，应通过"在建工程"科目进行核算，借记"在建工程"科目，贷记"银行存款""应付职工薪酬"等科目。待更新改造等工程完工并达到预定可使用状态时，再借记"固定资产"科目，贷记"在建工程"科目，并按重新确定的使用寿命、预计净残值和折旧方法计提折旧。

企业在发生可资本化的固定资产后续支出时，可能涉及替换固定资产的某个组成部分。如果满足固定资产的确认条件，应当将用于替换的部分资本化，计入固定资产账面价值，同时终止确认被替换部分的账面价值。

第三，费用化的后续支出，是指不符合固定资产确认条件且计入当期损益的支出。企业在固定资产持有期间发生的维护修理费用，通常应确认为费用化的支出。发生费用化的后续支出时，借记"管理费用""制造费用"等科目，贷记"银行存款""应付职工薪酬"等科目。

（四）固定资产的处置

固定资产的处置必然会导致固定资产的减少。处置固定资产的原因包括投资转出、报废清理、盘亏等。固定资产无论是因为哪一种情况被处置，折旧都应该计提到发生处置的月份，并且所有与该固定资产有关的账户都应该予以转销。在固定资产处置的过程中，最理想的情况当然是固定资产的账面价值等于其残值。但这种情况一般是不会发生的，因此，就会出现固定资产清理的收益或损失。

应当指出，固定资产清理中产生收益或损失的原因就在于折旧是一个成本分摊过程而不是计价过程。也就是说，在大多数情况下，该收益或损失实际上是对固定资产在其使用各个时期所确认利润的修正。如果固定资产在其取得时就能准确地确定其残值和有效使用年限，那么折旧的计提准确无误，相应地，在固定资产处置过程中就不会发生清理收益或损失。

1. 对外投资转出固定资产

企业用现有的固定资产对外投资，意味着企业用本企业固定资产交换对其他企业投资，属于非货币性交易，应该按照非货币性交易的有关准则处理。《企业会计准则第 7 号——非货币性资产交换》规定：非货币性资产交换，是指企业主要以固定资产、无形资产、投资性房地产和长期股权投资等非货币性资产进行的交换。该交换不涉及或只涉及少量的货币性资产（即补价）。货币性资产，是指企业持有的货币资金和收取固定或可确定的金额的货币资金的权利。非货币性资产是指货币性资产以外的资产。

企业用固定资产对外投资，应以该固定资产的公允价值作为投资成本，固定资产公允价值与账面价值之间的差额直接计入当期损益。具体来说，在这种情况下，应该按照评估确定的固定资产净值和应交纳的增值税等流转税，借记"长期股权投资"账户，按投出固定资产的已提折旧，借记"累计折旧"账户，按投出固定资产的账面原价贷记"固定资产"账户，按应交纳的增值税等流转税贷记"应交税费"账户。在公允价值计量条件下，不管是非货币性交易收益或是损失，均记入"营业外收入（支出）——非货币性交易损益"，以归集换出资产账面价值与公允价值的差额，换出资产账面价值大于公允价值为损失，记入借方；反之，换出资产账面价值小于公允价值为收益，记入贷方。"营业外收入（支出）"作为损益类科目，其余额为贷方表示营业外收益，余额为借方表示营业外损失。

2. 固定资产的报废清理

固定资产报废转入清理，需要支付一定数量的清理费用，清理结束之后还会收回一些残值。因此，固定资产报废的核算由两个步骤组成：①注销该项固定资产原价和已经提取的累计折旧；②确认清理过程中的收益或损失。为此，需要设立"固定资产清理"账户，该账户核算企业因出售、报废、毁损等原因转入清理的固定资产净值及其在清理中所发生的清理费用和清理收入。该账户借方反映报废固定资产的净值和发生的清理费，贷方反映清理过程中所发生的各种收入。清理完毕，则将借方合计数与贷方合计数的差额，分不同情况作为营业外收入或营业外支出处理。

如果"固定资产清理"账户的贷方发生额大于借方发生额，则说明清理过程中实现了清理收益，借记"固定资产清理"，贷记"营业外收入——处理固定资产净收益"账户。

3. 固定资产盘亏

为了保证固定资产核算的真实性和完整性，企业应当定期或者至少每年年末对固定资产进行清查盘点。对于清查中发现的固定资产盘亏，应及时查明原因，并在期末结账前处理完毕。

对于固定资产盘亏造成的损失，企业应将其计入当期损益。按盘亏固定资产的账面价值，借记"待处理财产损溢——待处理固定资产损溢"科目；按已计提的累计折旧，借记"累计折旧"科目；按已计提的减值准备，借记"固定资产减值准备"科目；按固定资产原价，贷记"固定资产"科目。经批准后处理时，按可收回的保险赔偿或过失人赔偿，借记"其他应收款"科目；按发生的盘亏净损失，借记"营业外支出"科目；按"待处理财产损溢"科目的余额，贷记"待处理财产损溢"科目。

三、无形资产的核算

（一）无形资产概述

无形资产指的是企业拥有或者控制的没有实物形态的可辨认非货币性资产，主要包括专利权、非专利技术、商标权、著作权、土地使用权和特许权等。

企业的无形资产属于企业所有资产的一部分，与其他资产一样，都必须符合资产的定义，应当为企业拥有或控制，能够预期让企业获得一定的经济利益。其与流动资产和固定资产等相比，所具有的一个明显的特征是就是没有明显的实物形态，具体表现为企业所拥有的某些权利。这些权利有些是为企业所拥有，有些只是为企业所控制。例如，企业自行开发设计的某种专利或某种非专利技术的所有权、使用权和处置权，这类资产属于企业所拥有的无形资产，而对有些无形资产，企业虽然没有所有权，但具有使用权和处置权。例如，企业所购买的国有土地，由于在我国土地资源的所有权属于国家，按照相关法律规定，企业对国有土地只有使用权和一定的处置权，不具有所有权。这种资产属于企业所控制的无形资产。但无形资产与其他资产一样，都属于能够为企业带来经济利益的资源。如果企业有权获得一项无形资产产生的未来经济利益，并能约束其他方获取这些利益，则表明企业控制了该项无形资产。例如，对于会产生经济利益的技术知识，如果能在法律上受到保护，那么在一定程度上就可以说是该企业能够控制相关利益。

一般来说，企业的无形资产主要包括土地使用权、商标权、著作权、专利权、非专利技术和特许权等。

（二）无形资产的确认

1.无形资产的初始确认

无形资产的初始确认指的是，企业对通过不同来源取得的无形资产加以认定的过程。企业想要确认无形资产，必须满足以下三个条件：其一，符合无形资产的定义；其二，与该资产相关的预计未来经济利益很可能流入企业；其三，该资产的成本能够可靠计量。其中，符合无形资产的定义是确认无形资产的最基本依据，而后面两点则是企业所有的资产的确认都必须同时满足的条件，当然无形资产也包含在内。

企业在判断无形资产产生的经济利益是否很可能流入企业时，应当对无形资产在预计使用年限内可能存在的各种经济因素作出合理估计，并且应当有明确的证据支持。例如，专利权、非专利技术等应当有国家专利管理机构颁发的鉴定证书，商标权、著作权、土地使用权应有相关机构或部门的证明文件等。同时，也应注意政府宏观经济政策的变化，所生产产品等的市场供求趋势的变化，以及产品生产所依赖的自然资源保有量的变化等。

在对企业的无形资产进行确认时，需要注意以下两个问题。

（1）内部研究开发费用的确认。根据企业会计准则的相关规定，企业在自行实行研究开发项目时，应当将研究阶段与开发阶段明确区分开来，并且分别按照所规定的方法进行核算。其中，研究指的是，为获取新的技术或知识等进行的具有计划性和探索性的调查；开发指的是，在进行商业性生产或使用前，有针对性地将研究成果或其他知识应用于某项计划或设计，以生产出新的或具有实质性改进的材料、装置、产品等。企业在内部研究开发项目研究阶段产生的支出，应当在发生时就计入当期的损益之中。实际上，无形资产的开发阶段相对于研究阶段要更进一步，并且在很大程度上已经具备形成了一项新产品或新技术的基本条件，此时如果企业能够证明所发生的开发支出满足无形资产的定义及相关确认条件，所发生的开发支出可予资本化，确认为无形资产的成本，形成企业的无形资产。在企业的开发阶段，想要将有关支出资本化确认为无形资产，必须同时满足以下几个条件：第一，从目的性方面看，具有完成该无形资产并使用或出售的意图。第二，从可能性方面看，完成该无形资产以使其能够使用或出售具有可行性。第三，从完成能力方面看，具有足够的技术、财务资源和其他资源支持，以完成该无形资产的开发，并有能力使用或出售该无形资产。第四，从效益性方面看，具有明确的无形资产产生未来经济利益的方式，包括能够证明运用该无形资产生产的产品存在市场或无形资产自身存在市场；无形资产将在内部使用时，应当证明其有用性。第五，从可计量性方面看，归属于该无形资产开发阶段的支出能够可靠计量。

（2）土地使用权的确认。在我国，土地所有权归国家和集体所有，因此，我国企业所获得的只能是土地的使用权。在通常情况下，当企业利用土地使用权建造其自用的厂房等地上建筑物时，相关的土地使用权的价值不计入在建工程成本，而是作为无形资产进行核算，并按照预计使用年限及确定的摊销方法进行摊销；而地上的建筑物则应作为固定资产进行核算，按其使用寿命和所选定的折旧方法计提折旧。

2.无形资产的后续确认

无形资产的后续确认指的是对无形资产在使用过程中的变化情况所进行的确认，包括无形资产价值的摊销、无形资产减值准备的计提和无形资产的处置等。企业在对无形资产进行处置时，如果是将无形资产出售、对外出租、对外捐赠，或者原来确认的无形资产无法为企业带来未来经济利益时，就应予转销并终止确认。

（三）无形资产的计量

1.无形资产的初始计量

无形资产的初始计量指的是，企业对其所取得的无形资产的成本确定。无形资产通常是按实际成本计量，即以取得无形资产并使之达到预定用途而发生的全部支出作为无形资产的成本。企业从不同来源取得的无形资产，其成本构成也不尽相同。

（1）外购无形资产的成本。外购无形资产的成本主要包括购买价款、进口关税和其他税费以及直接归属于使该项资产达到预定用途所发生的其他支出。其中，直接归属于使该项资产达到预定用途所发生的其他支出包括使无形资产达到预定用途所发生的专业服务费用、测试无形资产是否能够正常发挥作用的费用等。但不包括为引入新产品进行宣传发生的广告费、管理费用及其他间接费用，也不包括在无形资产已经达到预定用途以后发生的费用。无形资产达到预定用途后所发生的支出，不构成无形资产的成本，一般应于发生时计入当期损益。

（2）自行开发无形资产的成本。自行开发无形资产的成本主要包括可直接归属于该资产的创造、生产并使该资产能够以管理层预定的方式运作的所有必要支出。可直接归属于该资产的成本主要包括，开发该无形资产时耗费的材料、劳务成本、注册费、在开发该无形资产过程中使用的其他专利权和特许权的摊销、按照有关规定资本化的利息支出，以及为使该无形资产达到预定用途前所发生的其他费用。在开发无形资产过程中发生的除上述可直接归属于无形资产开发活动的其他销售费用、管理费用等间接费用、无形资产达到预定用途前发生的可辨认的无效和初始运作损失、为运行该无形资产发生的培训支出等不构成无形资产的开发成本。应当注意的是，内部开发无形资产的成本仅包括在满足资本化条件的时点至无形资产达到预定用途前发生的支出总和，对于同一项无形资产在开发过程中达到资本化之前已经费用化计入损益的支出不再进行调整。

2. 无形资产的后续计量

（1）无形资产的摊销。虽然无形资产是企业的长期资产，能为企业在较长时期内带来效益，但通常无形资产也有一定的有效期限，因而企业应将入账的无形资产在一定期限内摊销。摊销的无形资产价值，一般应当计入当期损益，并同时记入"累计摊销"账户的贷方。摊销后，无形资产的账面价值反映的是无形资产的摊余成本。使用寿命有限的无形资产才需要在估计使用寿命内采用系统合理的方法进行摊销，对于使用寿命不确定的无形资产则不需要摊销。

第一，使用寿命的确定。某些无形资产的取得源自合同性权利或其他法定权利，其使用寿命不应超过合同性权利或其他法定权利的期限。但如果企业使用资产的预期的期限短于合同性权利或其他法定权利规定的期限的，则应当按照企业预期使用的期限确定其使用寿命。如果合同性权利或其他法定权利能够在到期时因续约等延续，则仅当有证据表明企业续约不需要付出重大成本时，续约期才能够包括在使用寿命的估计中。

没有明确的合同或法律规定无形资产的使用寿命的，企业应当综合各方面情况来确定无形资产为企业带来未来经济利益的期限。如果经过这些努力，仍确实无法合理确定无形资产为企业带来经济利益的期限，才能将该无形资产作为使用寿命不确定的无形资产。

第二，会计处理。无形资产的摊销期自其可供使用时起至终止确认时止。即无形资产摊销的起始和停止日期为：当月增加的无形资产，当月开始摊销；当月减少的无形资产，当月不再摊销。

无形资产的摊销有多种方法。这些方法包括直线法、生产总量法等。企业无法可靠确定其预期实现方式的，应当采用直线法进行摊销。

无形资产的摊销一般应计入当期损益，但如果某项无形资产是专门用于生产某种产品或者其他资产，其所包含的经济利益是通过转入所生产的产品或其他资产中实现的，则无形资产的摊销费用应当计入相关资产的成本。

除下列情况外，无形资产的残值一般为零：①有第三方承诺在无形资产使用寿命结束时购买该项无形资产；②可以根据活跃市场得到无形资产预计残值信息，并且该市场在该项无形资产使用寿命结束时可能存在。

（2）无形资产的减值。企业应当定期或者至少在每年年度终了检查各项无形资产预计给企业带来未来经济利益的能力，对预计可收回金额低于其账面价值的，应当计提减值准备。对于使用寿命不确定的无形资产，在持有期间内不需要摊销的，应当在每个会计期间进行减值测试。

对于无形资产的账面价值超过其可收回金额的，企业应按超过部分确认无形资产减值准备。企业应专门设置"无形资产减值准备"账户进行相应的账务处理，借方登记无形资产减值准备转销，贷方登记无形资产减值准备计提，余额在贷方，反映企业已计提但尚未转销的无形资产减值准备。资产负债表日，无形资产发生减值的，按应减记的金额，借记"资产减值损失"科目，贷记"无形资产减值准备"。处置无形资产还应同时结转减值准备。

（四）无形资产的处置

无形资产的处置，主要是指无形资产出售、对外出租，或者是无法为企业带来未来经济利益时，应予转销并终止确认等。

1. 无形资产出售

企业出售无形资产，应当将取得的价款与该无形资产账面价值的差额计入当期损益。按出售无形资产所得价款，借记"银行存款"等科目；按累计摊销额，借记"累计摊销"科目；按已计提的减值准备，借记"无形资产减值准备"科目；按无形资产的初始入账价值，贷记"无形资产"科目；按应缴纳的税费，贷记"应交税费"科目；按其差额，贷记"营业外收入"或借记"营业外支出"科目。

2. 无形资产报废

如果无形资产预期不能为企业带来经济利益，例如，该无形资产已被其他新技术所替代，则应将其报废并予转销，其账面价值转作当期损益。转销时，应按已计提的累计摊销，借记"累计摊销"科目；按其账面余额，贷记"无形资产"科目；按其差额，借记"营业外支出"科目。已计提减值准备的，还应同时结转减值准备。

3. 无形资产出租

企业出租无形资产，其实质是企业让渡无形资产的使用权，通常应作为其他业务处理。按让渡无形资产使用权取得的租金收入，借记"银行存款"等科目，贷记"其他业务收入"科目；按摊销出租无形资产的成本及发生与转让有关的各种费用支出，借记"其他业务成本"科目，贷记"累计摊销"等科目。

第二节　收入、费用和利润要素的核算

一、收入核算

收入，是指企业在日常活动中形成的、会导致所有者权益增加的、与所有者投入资本无关的经济利益的总流入。按企业从事日常活动的业务性质，收入可分为销售商品收入和提供服务收入。按在企业日常活动中的重要性，收入可分为主营业务收入和其他业务收入。

当企业与客户之间的合同同时满足下列条件时，企业应当在客户取得相关商品控制权时确认收入：一是合同各方已批准该合同并承诺将履行各自义务；二是该合同明确了合同各方与所转让商品相关的权利和义务；三是该合同有明确的与所转让商品相关的支付条款；四是该合同具有商业实质，即履行该合同将改变企业未来现金流量的风险、时间分布或金额；五是企业因向客户转让商品而有权取得的对价很可能收回。

营业收入的确认，根据履约义务的时间，分为某一时段内分期确认和某一时点确认。

对于在某一时段内履行的履约义务，企业应当在该段时间内按照履约进度确认收入，但是，履约进度不能合理确定的除外。用公式表示如下：

$$本期确认的收入=合同总收入×本期末止履约进度$$
$$-以前期间已确认的收入$$
$$本期确认的成本=合同总成本×本期末止履约进度$$
$$-以前期间已确认的成本$$

对于在某一时点履行的履约义务，企业应当在客户取得相关商品控制权的时点确认收入。在判断客户是否已取得商品控制权时，企业应当考虑以下迹象：一是企业就该商品享有现时收款权利，即客户就该商品负有现时付款义务；二是企业已将该商品的法定所有权转移给客户，即客户已拥有该商品的法定所有权；三是企业已将该商品实物转移给客户，即客户已实物占有该商品；四是企业已将该商品所有权上的主要风险和报酬转移给客户，即客户已取得该商品所有权上的主要风险和报酬；五是客户已接受该商品；六是其他表明客户已取得商品控制权的迹象。

为了核算收入业务，企业应设置"主营业务收入""主营业务成本""发出商品""其他业务收入""其他业务成本""税金及附加"等科目。

"主营业务收入"科目，是用来核算企业销售商品，提供劳务等主营业务实现的收入。该科目的贷方登记企业销售商品，提供劳务实现的收入，借方登记销售退回、销售折让时冲减的收入和期末转入"本年利润"科目的收入，结转后该科目无余额。该科目按主营业务的种类进行明细分类核算。

"主营业务成本"科目，是用来核算企业销售商品，提供劳务等日常活动发生的成本。借方登记已销售商品，提供劳务的实际成本，贷方登记因销售退回而冲减的成本以及期末转入"本年利润"的成本。结转后该科目无余额。该科目按主营业务的种类进行明细分类核算。

"发出商品"科目是用来核算企业未满足收入确认条件但已发出商品的实际成本或计划成本。借方登记未满足收入确认条件但已发出商品的实际成本或计划成本，贷方登记因发生销售退回而冲减的实际成本或计划成本，以及发出商品满足收入确认条件转入"主营业务成本"科目的成本。该科目按购货单位、商品类别和品种进行明细分类核算。

"其他业务收入"科目是用来核算企业确认的除主营业务活动以外的其他经营活动实现的收入，包括出租固定资产、出租无形资产、出租包装物和商品、销售材料、用材料进行非货币性交换或债务重组等实现的收入。该科目的贷方登记企业实现的其他业务收入，借方登记转入"本年利润"科目的其他业务收入，结转后该科目无余额。该科目按其业务的种类进行明细分类核算。

"其他业务成本"科目是用来核算企业确认的除主营业务活动以外的其他经营活动所发生的支出，包括销售材料的成本、出租固定资产的折旧额、出租无形资产的摊销额、出租包装物的成本或摊销额等。借方登记发生的其他业务成本，贷方登记转入"本年利润"科目的其他业务成本。结转后该科目无余额。该科目按其他业务的种类进行明细分类核算。

"税金及附加"科目，是用来核算企业经营活动发生的消费税、资源税、城市维护建设税和教育费附加等相关税费。借方登记计算确认的相关税费，贷方登记期末转入"本年利润"科目的税金及附加，结转后该科目无余额。

（一）销售商品的一般业务核算

第一，企业销售商品，应在符合销售商品收入的确认条件时，借记"银行存款""应收账款""应收票据"等科目，贷记"主营业务收入""应交税费——应交增值税（销项税额）"等科目。结转销售成本时，借记"主营业务成本"科目，贷记"库存商品"等科目。

第二，企业售出的商品由于质量、品种不符合要求等原因而被客户退回。发生销售退回时，如果企业尚未确认销售收入，应将已计入"发出商品"等科目的商品成本转回"库存商品"科目；如果企业已经确认了销售收入，则不论是本年销售本年退回，还是以前年度销售本年退回，除属于资产负债表日后事项的销售退回外，均应冲减退回当月的销售收入和销售成本。冲减销售收入时，借记"主营业务收入""应交税费——应交增值税（销项税额）"等科目，贷记"银行存款""应收账款""应收票据"等科目。冲减销售成本时，借记"库存商品"科目，贷记"主营业务成本"等科目。如果属于资产负债表日后事项，应按照资产负债表日后事项的相关规定进行会计处理。

第三，企业因售出商品的质量不合格等原因而给予客户价格减让。销售折让可能发生在企业确认收入之前，也可能发生在企业确认收入之后。如果销售折让发生在企业确认收入之前，企业应直接从原定的销售价格中扣除给予客户的销售折让作为实际销售价格，并据以确认收入；如果销售折让发生在企业确认收入之后，企业应按实际给予客户的销售折让，冲减当期销售收入，借记"主营业务收入""应交税费——应交增值税（销项税额）"等科目，贷记"银行存款""应收账款""应收票据"等科目。销售折让属于资产负债表日后事项的，应当按照资产负债表日后事项的相关规定进行会计处理。

（二）销售商品的特殊业务核算

1. 尚未满足收入确认条件的商品销售核算

企业销售的商品已经发出，但客户尚未取得相关商品的控制权或者尚未满足收入确认的条件时，借记"发出商品"科目，贷记"库存商品"科目；借记"应收账款"科目，贷记"应交税费——应交增值税（销项税额）"科目。客户承诺付款时，借记"应收账款"科目，贷记"主营业务收入"科目。结转已销商品成本时，借记"主营业务成本"科目，贷记"发出商品"科目。收到款项时，借记"银行存款"科目，贷记"应收账款"科目。

2. 附有销售退回条款的商品销售核算

附有销售退回条款的商品销售，是指购买方依照有关合同有权退货的销售方式。对于附有销售退回条款的销售，企业在客户取得相关商品控制权时，应当按照因向客户转让商品而预期有权收取的对价金额（即不包含预期因销售退回将退还的金额）确认收入，按照预期因销售退回将退还的金额确认负债。

企业发生附有销售退回条款的商品销售业务时，借记"银行存款""应收账款"等科目；贷记"主营业务收入""预计负债应付退货款""应交税费——应交增值税（销项税额）"科目。结转已销商品成本时，借记"主营业务成本""应收退货成本"科目，贷记"库存商品"科目。收到退回商品时，借记"库存商品"科目，贷记"应收退货成本"科目。企业若无法合理确定退货的可能性，应全部确认为发出商品，于退货期满时确认营业收入。

3. 附有售后回购条件的商品销售核算

售后回购，是指企业销售商品的同时承诺或有权选择日后再将该商品购回的销售方式。对于售后回购交易，企业应当区分不同情况进行会计处理：企业因存在与客户的远期安排而负有回购义务或企业享有回购权利的，表明客户在销售时点并未取得相关商品控制权，企业应当作为租赁交易或融资交易进行相应的会计处理。其中，回购价格低于原售价的，应当视为租赁交易，即视为客户租赁该资产，差额为客户承担的资产使用费；回购价格高于原售价的，应当视为融资交易，即质押贷款，在收到客户款项时确认金融负债，并将其差额在回购期内确认为利息费用。

售后回购交易如果属于融资交易，企业按收到的价款，借记"银行存款"科目；按收取的不含增值税价款，贷记"其他应付款"科目；按增值税专用发票上注明的增值税，贷记"应交税费——应交增值税（销项税额）"科目。同时，还要根据发出商品的成本，借记"发出商品"科目，贷记"库存商品"科目。回购价格高于原售价的差额，应在回购期内分期平均确认为利息费用，借记"财务费用"科目，贷记"其他应付款"科目。企业回购商品时，按回购价格，借记"其他应付款"科目，按增值税专用发票上注明的增值税，借记"应交税费——应交增值税（进项税额）"科目；按支付的全部价款，贷记"银行存款"科目。同时，还要根据收回商品的成本，借记"库存商品"科目，贷记"发出商品"科目。

4.委托代销安排下收入的核算

委托代销商品是指委托方将商品交由受托方代为销售，受托方在将商品售出后与委托方结算货款；如果受托方无法将商品售出，则将商品退还委托方。按照受托方是否能够自行决定代销商品售价，代销商品可以采用视同买断和支付手续费两种方式。

（1）视同买断方式。是指委托方与受托方签订合同，委托方按合同价格收取代销商品的货款，实际售价可由受托方自定，实际售价与合同价之间的差额归受托方所有的一种代销方式。

委托方发出商品时，借记"发出商品"科目，贷记"库存商品"科目；收到受托方交来的代销清单时，借记"应收账款"科目，贷记"主营业务收入""应交税费——应交增值税（销项税额）"科目；结转代销商品成本时，借记"主营业务成本"科目，贷记"发出商品"科目；收到受托方支付的货款时，借记"银行存款"科目，贷记"应收账款"科目。

受托方收到代销商品时，借记"受托代销商品"科目，贷记"受托代销商品款"科目；对外销售时，借记"银行存款"等科目，贷记"主营业务收入""应交税费——应交增值税（销项税额）"科目；结转代销商品成本时，借记"主营业务成本"科目，贷记"受托代销商品"科目；将代销商品款转为应付账款时，借记"受托代销商品款"科目，贷记"应付账款"科目；向委托方交付代销清单并取得增值税专用发票时借记"应交税费——应交增值税（进项税额）"科目，贷记"应付账款"科目；向委托方付清代销商品款时，借记"应付账款"科目，贷记"银行存款"科目。

（2）支付手续费方式。是指委托方和受托方签订合同，受托方一般应按照委托方规定的价格销售商品，委托方根据代销商品的数量向受托方支付手续费的一种代销方式。

委托方发出商品时，借记"发出商品"科目，贷记"库存商品"科目；收到受托方交来的代销清单时，借记"应收账款"科目，贷记"主营业务收入""应交税费——应交增值税（销项税额）"科目；结转代销商品成本时，借记"主营业务成本"科目，贷记"发出商品"科目；确认应付的代销手续费时，借记"销售费用""应交税费——应交增值税（进项税额）"科目，贷记"应收账款"科目；收到受托方支付的货款时，借记"银行存款"科目，贷记"应收账款"科目。

受托方收到代销商品时，借记"受托代销商品"科目，贷记"受托代销商品款"科目；对外销售时，借记"银行存款"等科目，贷记"受托代销商品""应交税费——应交增值税（销项税额）"科目；收到增值税专用发票时，借记"受托代销商品款""应交税费——应交增值税（进项税额）"科目，贷记"应付账款"科目；计算代销手续费并向委托方付清代销商品款时，借记"应付账款"科目，贷记"银行存款""其他业务收入""应交税费——应交增值税（销项税额）"科目。

5. 短期分期收款商品销售的核算

企业采用分期收款方式销售商品，如果收款期较短，在满足收入确认条件下，不需要考虑分期收款总额中包含的融资成分。发出商品时，借记"应收账款"科目，贷记"主营业务收入""应交税费——待转销项税额"科目；结转销售成本时，借记"主营业务成本"科目，贷记"库存商品"科目；

在合同规定的收款日期，开具增值税专用发票，根据收到的全部价款，借记"银行存款"等科目，贷记"应收账款"科目；根据确认的增值税，借记"应交税费——待转销项税额"科目，贷记"应交税费——应交增值税（销项税额）"科目。在合同规定的收款日期，如果未收到价款，也应确认应交增值税销项税额。

（三）劳务收入的核算

企业提供的劳务，如果属于在某一时点履约的义务，应在提供劳务完成时确认营业收入；如果属于在某一段期间履约的义务，应采用产出法或投入法确定恰当的履约进度，分期确认营业收入。

企业实际发生劳务成本时，借记"劳务成本"科目，贷记"原材料""应付职工薪酬"等科目；确认劳务收入时，借记"银行存款"等科目，贷记"主营业务收入""应交税费——应交增值税（销项税额）"科目；结转相关劳务成本时，借记"主营业务成本"科目，贷记"劳务成本"等科目。

（四）让渡资产使用权收入的核算

企业让渡资产使用权，应根据情况，分别在某一时点或某一时段内确认营业收入。

企业让渡资产使用权取得收入时，借记"银行存款""应收账款"等科目，贷记"其他业务收入""应交税费——应交增值税（销项税额）"科目；转让过程中发生费用时，借记"其他业务成本""应交税费——应交增值税（进项税额）"等科目，贷记"银行存款"等科目。期末，将发生的其他业务收入转入本年利润时，借记"其他业务收入"，贷记"本年利润"科目；将发生的其他业务成本转入本年利润时，借记"本年利润"科目，贷记"其他业务成本"科目。

二、费用核算

费用是指企业在日常活动中发生的、会导致所有者权益减少的、与向所有者分配利润无关的经济利益的总流出。

费用按照其经济用途，可以分为生产成本和期间费用两大类。

属于生产成本的费用，按照其计入的方式不同，可分为直接费用和间接费用。直接费用是指企业在生产商品和提供劳务过程中所发生的直接材料费、直接人工费和其他直接支出。间接费用，即制造费用，是指企业各生产单位为组织和管理生产所发生的各项费用，包括分厂、车间管理人员的职工薪酬、生产单位固定资产的折旧费、办公费、水电费、机物料消耗、劳动保护费、租赁费、保险费、季节性和修理期间的停工损失以及其他制造费用。间接费用应当按一定的程序和方法进行分配，计入相关产品的生产成本。

期间费用是指企业当期发生的，不能直接或经分配间接计入特定产品或服务的成本，必须从当期收入得到补偿的费用。期间费用主要包括管理费用、销售费用和财务费用。

（一）生产成本的核算

生产成本是指一定期间生产产品所发生的直接费用和间接费用的总和。

为了正确核算生产费用，控制生产费用支出，将已经发生的费用加以汇集和分配，据以计算产品成本，企业应当设置"生产成本""制造费用"等成本类科目。

"生产成本"科目用于核算企业进行工业性生产所发生的各项生产费用，包括生产各种产成品、自制半成品、提供劳务、自制材料、自制工具以及自制设备等所发生的各项费用。该科目借方反映企业发生的各项直接材料、直接人工和制造费用，贷方反映期末按实际成本计价的生产完工入库的工业品、自制材料、自制工具以及提供工业性劳务的成本结转，期末余额在借方，表示期末尚未加工完成的在产品制造成本。该科目设置"基本生产成本"和"辅助生产成本"两个二级科目。"基本生产成本"二级科目核算企业为完成主要生产目的而进行的产品生产所发生的费用，计算基本生产的产品成本。"辅助生产成本"二级科目核算企业为基本生产服务而进行的产品生产和劳务供应所发生的费用，计算辅助生产成本和劳务成本。"基本生产成本"科目和"辅助生产成本"科目还应当按照成本核算对象进行明细核算。

"制造费用"科目用于核算企业为生产产品和提供劳务而发生的各项间接费用。企业发生的各项制造费用，通过"制造费用"科目进行归集和分配。该科目借方反映企业发生的各项制造费用，贷方反映期末按一定的分配方法和分配标准将制造费用在各成本计算对象间的分配结转，期末结转后本科目一般无余额。"制造费用"科目应按不同的车间、部门设置明细账，账内按制造费用的项目内容设专栏进行明细核算。

第一，企业发生的各项生产费用，应按成本核算对象和成本项目分别归集。属于直接材料、直接人工等直接费用，直接计入基本生产成本和辅助生产成本。属于企业辅助生产车间为生产产品提供的动力等直接费用，应在"生产成本——辅助生产成本"明细科目核算后，再转入"生产成本——基本生产成本"明细科目。

第二，企业发生的各项直接生产费用，借记"生产成本——基本生产成本""生产成本——辅助生产成本"科目，贷记"库存现金""银行存款""应付职工薪酬""原材料"等科目。

第三，企业发生的制造费用，借记"制造费用"科目，贷记"库存现金""银行存款""原材料""周转材料""应付职工薪酬""累计折旧"等科目。

第四，制造费用应按企业成本核算办法的规定，分配计入有关的成本核算对象，借记"生产成本——基本生产成本""生产成本——辅助生产成本"科目，贷记"制造费用"科目。

第五，企业辅助生产车间为基本生产车间、企业管理部门和其他部门提供的劳务和产品，月份终了，按照一定的分配标准分配给各受益对象，借记"生产成本基本生产成本""管理费用""销售费用""在建工程"等科目，贷记"生产成本——辅助生产成本"科目。

第六，企业已经生产完成并已验收入库的产成品以及入库的自制半成品，应于月份终了，按实际成本，借记"库存商品"科目，贷记"生产成本——基本生产成本"科目。

第七，"生产成本"科目月末借方余额，反映企业尚未加工完成的各项在产品的成本。

（二）期间费用的核算

1. 销售费用的核算

销售费用是指企业在销售商品、提供服务过程中发生的各项费用以及为销售本企业商品而专设销售机构的经营费用。具体项目包括：包装费、运输费、装卸费、保险费、展览费、广告费、经营租赁费、委托代销费、销售服务费以及为销售本企业商品而专设的销售机构的职工薪酬、业务费、折旧费、修理费、物料消耗和其他经营费用。商品流通企业购入商品等过程中所发生的运输费、装卸费、包装费、保险费、运输途中的合理损耗和入库前的挑选整理费用，也属于销售费用。

为了核算销售费用的发生和结转情况，企业应设置"销售费用"科目。该科目的借方登记企业所发生的各项销售费用，贷方登记企业月终结转当期损益的销售费用，结转后该科目应无余额。该科目应按销售费用的费用项目设置明细账，进行明细核算。

企业发生各项销售费用，借记"销售费用""应交税费——应交增值税（进项税额）"科目，贷记"库存现金""银行存款""应付职工薪酬"等科目。月终，将借方归集的销售费用全部由"销售费用"科目的贷方转入当期损益，借记"本年利润"科目，贷记"销售费用"科目。

2. 管理费用的核算

管理费用是指企业为组织和管理企业生产经营活动而发生的各种费用。具体项目包括：企业在筹建期间内发生的开办费、公司经费、工会经费、董事会费、聘请中介机构费、咨询费、诉讼费、业务招待费、技术转让费、研发费用以及企业生产车间和行政管理部门发生的固定资产修理费用等。其中公司经费包括行政管理部门人员的工资、职工福利费、差旅费、办公费、折旧费、修理费、物料消耗、低值易耗品摊销以及其他公司经费；董事会费包括董事会成员补贴、差旅费、会议费等；咨询费中包含顾问费。

为了核算管理费用的发生和结转情况，企业应设置"管理费用"科目。该科目的借方登记企业发生的各项管理费用，贷方登记月末转入当期损益的管理费用，月末一般应无余额。该科目应按管理费用的费用项目设置明细账，或按费用项目设置专栏进行明细核算。

企业发生各项管理费用，借记"管理费用""应交税费——应交增值税（进项税额）"科目，贷记"库存现金""银行存款""原材料""应付职工薪酬""累计折旧""累计摊销""研发支出"等科目。月终，将本科目借方归集的管理费用全部转入"本年利润"科目，借记"本年利润"科目，贷记"管理费用"科目。

3. 财务费用的核算

财务费用是指企业为筹集生产经营所需资金而发生的各项费用，具体项目包括：利息净支出（减利息收入）、汇兑净损失（减汇兑收益）、金融机构手续费以及筹集生产经营资金发生的其他费用等。

为了核算企业财务费用的发生和结转情况，企业应设置"财务费用"科目。该科目的借方登记企业发生的各项财务费用，贷方登记月终结转至当期损益的财务费用，月末应无余额。该科目应按财务费用的费用项目设置明细账，进行明细核算。

企业发生财务费用，借记"财务费用"科目，贷记"银行存款"等科目；企业取得利息收入、汇兑收益时，借记"银行存款"等科目，贷记"财务费用"科目。月终，将归集的财务费用全部转入"本年利润"科目，借记"本年利润"科目，贷记"财务费用"科目（"财务费用"科目如为贷方余额，应作相反的会计分录）。

三、利润核算

利润是指企业在一定会计期间的经营成果，包括收入减去费用后的净额、直接计入当期利润的利得和损失等。收入减去费用后的净额反映的是企业日常活动的业绩；直接计入当期利润的利得和损失反映的是企业非日常活动的业绩，主要体现在营业外收入与营业外支出两个项目上。

营业外收入是指企业取得的与日常活动没有直接关系的各项利得，主要包括非流动资产毁损报废利得、债务重组利得、罚没利得、政府补助利得、无法支付的应付款项、捐赠利得、盘盈利得等。

营业外支出，是指企业发生的与日常活动没有直接关系的各项损失，主要包括非流动资产毁损报废损失、债务重组损失、罚款支出、捐赠支出、非常损失、盘亏损失等。

营业利润计算公式如下：

$$营业利润=营业收入-营业成本-税金及附加-销售费用$$
$$-管理费用-研发费用-财务费用-资产减值损失$$
$$-信用减值损失+其他收益\pm投资净损益$$
$$\pm公允价值变动净损益\pm资产处置净损益$$

利润总额计算公式如下：

$$利润总额=营业利润+营业外收入-营业外支出$$

净利润计算公式如下：

$$净利润=利润总额-所得税费用$$

所得税费用计算公式如下：

$$所得税费用=当期所得税费用+递延所得税费用$$

当期所得税费用计算公式如下：

$$当期所得税费用=当期应交所得税$$
$$=当期应纳税所得额\times适用的所得税税率$$

当期应纳税所得额计算公式如下：

$$当期应纳税所得额=当期会计利润\pm纳税调整项目金额$$

递延所得税费用计算公式如下：

$$递延所得税费用=（期末递延所得税负债-期初递延所得税负债）$$
$$-（期末递延所得税资产-期初递延所得税资产）$$

期末递延所得税负债计算公式如下：

$$期末递延所得税负债=期末应纳税暂时性差异\times适用税率$$

期末递延所得税资产计算公式如下：

$$期末递延所得税资产=期末可抵扣暂时性差异\times适用税率$$

应纳税暂时性差异，是指在确定未来收回资产或清偿负债期间的应纳税所得额时，将导致产生应税金额的暂时性差异，即该项暂时性差异在未来期间转回时，将会增加转回期间的应纳税所得额和相应的应交所得税。应纳税暂时性差异通常产生于两种情况：一是资产的账面价值大于其计税基础；二是负债的账面价值小于其计税基础。

可抵扣暂时性差异，是指在确定未来收回资产或清偿负债期间的应纳税所得额时，将导致产生可抵扣金额的暂时性差异，即该项暂时性差异在未来期间转回时，将会减少转回期间的应纳税所得额和相应的应交所得税。可抵扣暂时性差异通常产生于两种情况：一是资产的账面价值小于其计税基础；二是负债的账面价值大于其计税基础。

为了核算所得税费用业务，企业应设置"所得税费用"总账科目。该科目可按"当期所得税费用""递延所得税费用"进行明细核算。资产负债表日，企业按照税法规定计算确定的当期应交所得税，借记"所得税费用——当期所得税费用"科目，贷记"应交税费——应交所得税"科目；实际缴纳所得税时，借记"应交税费——应交所得税"科目，贷记"银行存款"科目；期末结转当期所得税费用时，借记"本年利润"科目，贷记"所得税费用——当期所得税费用"等科目。

为了核算递延所得税费用业务，除了设置"所得税费用——递延所得税费用"科目外，还应设置"递延所得税负债"（其性质属于应付的税款，在未来期间转为应纳税款）"递延所得税资产"（其性质属于预付的税款，在未来期间抵扣应纳税款）总账科目。期末递延所得税负债大于期初递延所得税负债的差额，应确认为递延所得税费用，借记"所得税费用——递延所得税费用"科目，贷记"递延所得税负债"科目；反之，则应冲减递延所得税负债，并作为递延所得税收益处理，借记"递延所得税负债"科目，贷记"所得税费用——递延所得税费用"科目。期末递延所得税资产大于期初递延所得税资产的差额，应确认为递延所得税收益，冲减所得税费用，借记"递延所得税资产"科目，贷记"所得税费用——递延所得税费用"科目；反之，则应冲减递延所得税资产，并确认为递延所得税费用，借记"所得税费用递延所得税费用"科目，贷记"递延所得税资产"科目。如果形成的暂时性差异不涉及损益项目，则确认的递延所得税资产或递延所得税负债应直接调整其他综合收益，借记"递延所得税资产"科目，贷记"其他综合收益"科目；或借记"其他综合收益"科目，贷记"递延所得税负债"科目。

企业应设置"本年利润"科目，用于核算企业当期实现的净利润或发生的净亏损。会计期末，企业应将各收益类科目的余额转入"本年利润"科目的贷方，借记"主营业务收入""其他业务收入""其他收益""营业外收入"等科目，贷记"本年利润"科目；应将计入当期损益的成本费用或支出类科目的余额转入"本年利润"科目的借方，借记"本年利润"科目，贷记"主营业务成本""其他业务成本""税金及附加""销售费用""管理费用""财务费用""资产减值损失""信用减值损失""营业外支出""所得税费用"等科目。"投资收益""公允价值变动损益""资产处置损益"科目如为净收益，应借记"投资收益""公允价值变动损益""资产处置损益"科目，贷记"本年利润"科目；"投资收益""公允价值变动损益""资产处置损益"科目如为净损失，应借记"本年利润"科目，贷记"投资收益""公允价值变动损益""资产处置损益"科目。结转后"本年利润"科目的贷方余额为净利润，借方余额为净亏损。年度终了，企业还应将"本年利润"科目的累计余额转入"利润分配——未分配利润"科目。如为净利润，应借记"本年利润"科目，贷记"利润分配——未分配利润"科目；如为净亏损，应借记"利润分配——未分配利润"科目，贷记"本年利润"科目。结转后"本年利润"科目应无余额。

企业当期实现的净利润，加上年初未分配利润（或减去年初未弥补亏损）后的余额，为可供分配的利润。可供分配的利润，一般按下列顺序分配：①提取法定盈余公积；②提取任意盈余公积；③应付现金股利或利润；④转作股本的股利。

第三节　负债与所有者权益要素的核算

一、负债核算

负债是指企业过去的交易或者事项形成的、预期会导致经济利益流出企业的现时义务。负债按其偿还时间的长短可划分为流动负债和长期负债。

（一）流动负债的核算

流动负债是指企业在 1 年或超 1 年的一个营业周期内偿还的债务，包括短期借款、应付票据、应付账款、预收账款、应付职工薪酬、应交税费、其他应付款等。

1. 短期借款

短期借款是指企业向银行或其他金融机构借入的期限在 1 年以下（含 1 年）的各种借款。

为了反映和监督短期借款的取得和归还情况，应设置"短期借款"科目。该科目属于负债类，其贷方登记取得借款的本金数额，借方登记偿还的借款本金数额。余额在贷方，表示尚未偿还的借款本金数额。该科目按照债权人的名称设置明细账，并按借款种类进行明细核算。企业从银行或其他金融机构取得借款时，借记"银行存款"科目，贷记"短期借款"科目。企业对于短期借款的利息，通常应当按季支付，在每个月末计提借款利息，计提利息时，借记"财务费用"科目，贷记"应付利息"科目；支付利息时，根据已计提利息，借记"应付利息"科目，根据应计利息，借记"财务费用"科目，根据应付利息总额，贷记"银行存款"科目。不采用计提办法，在实际支付或收到银行的计息通知时，借记"财务费用"科目，贷记"银行存款"等科目。借款到期偿还本金时，借记"短期借款"科目，贷记"银行存款"科目。

2. 应付票据

应付票据是指企业采用商业汇票支付方式购买商品、产品时应偿付的商业汇票。按承兑人不同，可分为银行承兑汇票和商业承兑汇票。按是否带息，可分为带息应付票据和不带息应付票据。

为了核算商业汇票的签发和支付情况，企业应设置"应付票据"科目。该科目为负债类科目，贷方登记开出并承兑汇票的面值，借方登记支付票据的款项，余额在贷方，表示尚未支付票据的面值。企业开出、承兑商业汇票或以承兑商业汇票抵付货款、应付账款时，借记"物资采购""原材料""库存商品""应付账款""应交税费——应交增值税（进项税额）"等科目，贷记"应付票据"科目。对于发生的银行承兑汇票，企业须按票面金额的一定比例支付手续费时，借记"财务费用"科目，贷记"银行存款"科目。不带息应付票据到期全额偿还票款时，借记"应付票据"科目，贷记"银行存款"科目。若为带息票据，期末计提尚未支付的利息，借记"财务费用"科目，贷记"应付票据"科目；带息应付票据到期，应借记"应付票据""财务费用"等科目，贷记"银行存款"科目。如果企业不能按期足额付款，对于商业承兑汇票，应借记"应付票据"科目，贷记"应付账款"科目；对于银行承兑汇票，应借记"应付票据"科目，贷记"短期借款"科目。

3. 应付账款

应付账款是指企业因购买材料、商品和接受劳务等应支付给供应者的款项。为了核算应付账款的形成及其偿还情况，应设置"应付账款"科目。该科目属于负债类科目，贷方登记企业购买材料物资、接受劳务等所形成的应付未付款项；借方登记偿还的应付账款，或开出商业汇票抵付应付账款的款项，或冲销无法支付的应付账款；余额一般在贷方，表示尚未偿还的应付账款。企业购入材料、商品等验收入库，但货款尚未支付，应根据有关凭证，借记"原材料""库存商品""应交税费——应交增值税（进项税额）"等科目，贷记"应付账款"科目；企业接受供应单位提供劳务而发生的应付未付款项，应根据供应单位的发票账单，借记"生产成本""管理费用""应交税费——应交增值税（进项税额）"等科目，贷记"应付账款"科目；支付时，借记"应付账款"科目，贷记"银行存款"等科目；企业开出、承兑商业汇票抵付应付账款，借记"应付账款"科目，贷记"应付票据"科目。对于无法支付的应付款项，应作为企业的一项额外收入，借记"应付账款"科目，贷记"营业外收入"科目。

4. 预收账款

预收账款是指企业按照合同规定，向购货单位预先收取的款项。为了核算和监督企业按规定向购货方预收货款的收取和结算情况，应设置"预收账款"科目。该科目为负债类科目，贷方登记预收货款的数额和购货单位补付货款的数额；借方登记企业向购货方发货后冲销的预收货款数额和退回购货方多付货款的数额；余额一般在贷方，表示已预收货款但尚未向购货方发货的数额。企业向购货单位预收货款时，借记"银行存款"科目，贷记"预收账款"科目；将货物交给购货方时，按售价及增值税，借记"预收账款"科目，贷记"主营业务收入""其他业务收入""应交税费——应交增值税（销项税额）"科目；购货单位补付的货款，借记"银行存款"科目，贷记"预收账款"科目；向购货单位退回其多付的款项时，借记"预收账款"科目，贷记"银行存款"科目。

5. 应付职工薪酬

职工薪酬，是指企业为获得职工提供的服务或终止劳动合同关系而给予的各种形式的报酬。职工薪酬包括短期薪酬；离职后福利；辞退福利和其他长期福利等内容。

（1）短期薪酬。是指企业在职工提供相关服务的年度报告期间结束后12个月内需要全部予以支付的职工薪酬。短期薪酬的具体内容包括职工工资、奖金、津贴和补贴；职工福利费；社会保险费；住房公积金；工会经费和职工教育经费；非货币性福利；短期带薪缺勤和短期利润分享计划。

为了核算企业应付职工薪酬的提取、结算及使用等情况，应设置"应付职工薪酬"科目。该科目为负债类，贷方登记计提的职工薪酬数额，借方登记实际支付的职工薪酬数额。"应付职工薪酬"科目可按"工资""奖金、津贴和补贴""职工福利费""社会保险费""住房公积金""工会经费""职工教育经费""非货币性福利""辞退福利"等进行明细核算。

（2）离职后福利。是指企业为获得职工提供的服务而在职工退休或与企业解除劳动关系后，提供的各种形式的报酬和福利。离职后福利计划包括设定提存计划和设定受益计划。

设定提存计划，是指向独立的基金缴存固定费用后，企业不再承担进一步支付义务的离职后福利计划。企业应当在职工为其提供服务的会计期间，将根据设定提存计划计算的应缴存金额确认为负债，并计入当期损益或相关资产成本。

设定收益计划，是指除设定提存计划以外的离职后福利计划。企业应当采用预期累计福利单位法和适当的精算假设，确认和计量设定受益计划所产生的义务。

企业应当在职工为其提供服务的会计期间对养老金等离职福利进行确认和计量，借记"生产成本""制造费用""管理费用""销售费用""研发支出"等科目，贷记"应付职工薪酬"科目。企业支付离职后福利时，借记"应付职工薪酬"科目，贷记"银行存款"等科目。

（3）辞退福利。是指在职工劳动合同尚未到期前与职工解除劳动关系而给予的补偿。包括两方面内容：一是职工没有选择权的辞退福利。是指在职工劳动合同尚未到期前，不论职工本人是否愿意，企业都决定解除与职工的劳动关系而给予的补偿；二是职工有选择权的辞退福利。是指在职工劳动合同尚未到期前，企业为鼓励职工自愿接受裁减而给予的补偿，职工有权选择继续在职或接受补偿离职。

辞退福利的确认原则同其他职工薪酬基本相同，与其他形式的职工薪酬不同的是，由于被辞退的职工不再为企业提供服务，所以不论辞退职工原先在哪个部门，企业都应将本期确认的辞退福利全部计入当期的管理费用，而不能计入资产成本。

企业在确认因解除劳动关系而应给予职工的补偿时，借记"管理费用"科目，贷记"应付职工薪酬"科目。企业在向职工支付辞退福利时，借记"应付职工薪酬"科目，贷记"银行存款"等科目。

（4）其他长期职工福利。是指除短期薪酬、离职后福利、辞退福利之外所有的职工薪酬，包括长期带薪缺勤、长期残疾福利、长期利润分享计划等。

6. 应交税费

企业依法交纳的税种有：增值税、消费税、车辆购置税、城市维护建设税、烟叶税、关税、船舶吨税、企业所得税、个人所得税、城镇土地使用税、房产税、车船税、契税、证券交易印花税、资源税、土地增值税、耕地占用税、环境保护税和印花税。上述税种中，除印花税、车辆购置税、契税、耕地占用税等直接交纳，不在"应交税费"核算外，其余税种、教育费附加和矿产资源补偿费，均在"应交税费"科目进行核算。"应交税费"科目贷方登记应交纳的各种税费，以及出口退税、税务机关退回多交的税费等；借方登记实际交纳的税费。余额在贷方，表示企业尚未交纳的税费；余额在借方，表示多交的税费。本科目按照应交税费的种类设置明细科目。

7. 其他应付款的核算

其他应付款是指除应付票据、应付账款、预收账款、应付职工薪酬、应付利息、应付股利、应交税费、长期应付款等以外的其他经营活动产生的各项应付、暂收款项，包括应付租入包装物的租金、经营租入固定资产的应付租金，存入保证金、应付及暂收其他单位的款项、企业代职工缴纳的社会保险费和住房公积金等。为了反映和监督企业其他应付款项的应付、暂收及支付情况，应设置"其他应付款"科目。该科目为负债类科目，贷方登记发生的各种应付、暂收款项，借方登记偿还或转销的各种应付、暂收款项，余额在贷方，表示应付未付的款项。企业发生各种应付、暂收款项时，借记"银行存款""管理费用"等科目，贷记"其他应付款"科目；实际支付其他各种应付、暂收款项时，借记"其他应付款"科目，贷记"银行存款"等科目。

（二）非流动负债的核算

非流动负债是指除流动负债以外的债务，通常是指偿还期在一年以上的债务。与流动负债相比，非流动负债具有债务金额较大、偿还期限较长的特点。非流动负债主要包括长期借款、应付债券、长期应付款等。

1. 长期借款的核算

长期借款是指企业向银行等金融机构借入的偿还期在一年以上的各种借款。一般用于固定资产的购建、改扩建工程、大修理工程、对外投资以及为了保持长期经营能力等方面的需要。长期借款的还本付息方式有：分期付息、到期还本；到期一次还本付息。

企业应当设置"长期借款"科目，来核算长期借款的取得和归还，以及利息确认等业务，并设置"本金"和"利息调整"两个明细科目，分别核算长期借款的本金和因实际利率与合同利率不同产生的利息调整额。本科目的贷方登记长期借款本息的增加额，借方登记本息的减少额，贷方余额表示企业尚未偿还的长期借款的本息。

企业借入长期借款时，按实际收到的金额，借记"银行存款"科目；按取得长期借款的本金，贷记"长期借款——本金"科目；两者如果有差额，借记"长期借款——利息调整"科目。长期借款发生的利息费用，按长期借款的摊余成本和实际利率计算确定的利息费用，将符合资本化条件的部分，借记"在建工程"等科目，不符合资本化条件的部分，借记"财务费用"科目；按借款本金和合同利率计算确定的应支付的利息，贷记"应付利息""长期借款——应计利息"科目；按两者的差额，贷记"长期借款——利息调整"科目。企业支付利息时，借记"应付利息""长期借款——应计利息"科目，贷记"银行存款"科目。企业偿还长期借款本金时，借记"长期借款——本金"科目，贷记"银行存款"科目。

2. 应付债券的核算

应付债券核算企业发行的一般情况下超过1年以上的债券，构成企业的一项长期负债。和银行借款相比，债券具有金额较大、期限较长的特点。为了全面地反映和监督企业发行应付债券所取得的资金收入、归还和付息的情况，应设置"应付债券"科目。本科目的贷方登记应付债券的本金和利息，借方登记归还的债券本金和利息，期末贷方余额表示企业尚未归还的债券本金和利息。在"应付债券"科目下设置"面值""利息调整""应计利息"等明细科目。

债券存在两个利率：一个是债券契约中标明的票面利率；另一个是债券发行时的实际利率。由于存在票面利率和实际利率，债券的发行方式包括平价发行、溢价发行与折价发行三种。

应付债券的核算主要包括债券发行的核算、债券利息费用的核算、债券利息调整的核算、债券还本付息的核算等内容。

3. 长期应付款的核算

长期应付款是指企业除长期借款和应付债券以外的其他各种长期应付款项，包括应付融资租入固定资产的租赁费，以分期付款方式购入固定资产、无形资产或存货等发生的应付款项。

为了总括地反映长期应付款的发生和归还情况，企业应设置"长期应付款"科目。该科目的贷方登记发生的长期应付款，借方登记归还的长期应付款，期末贷方余额表示企业尚未偿付的各种长期应付款。"长期应付款"科目应按长期应付款的债权单位设置明细账，进行明细分类核算。为了反映长期应付款的现值，还应单独设置"未确认融资费用"科目，反映未来应付金额与其现值的差额。"未确认融资费用"科目是"长期应付款"科目的抵减科目，"长期应付款"科目贷方余额与"未确认融资费用"科目借方余额的差额，为长期应付款的账面价值。

融资租入固定资产按租赁开始日租赁资产的公允价值与最低租赁付款额的现值两者中较低者，加上初始直接费用，借记"固定资产"科目；按最低租赁付款额，贷记"长期应付款"科目；按发生的初始直接费用，贷记"银行存款"等科目；按差额，借记"未确认融资费用"科目。分期支付租赁费时，借记"长期应付款"科目，贷记"银行存款"科目。采用实际利率法，分期摊销未确认融资费用时，借记"财务费用"科目，贷记"未确认融资费用"科目。

企业以分期付款方式（延期支付的购买价款超过正常信用条件）购入固定资产、无形资产或存货等发生的应付款项，按未来分期付款的现值，借记"固定资产""无形资产""原材料"等科目；按未来分期付款的总额，贷记"长期应付款"科目；按差额，借记"未确认融资费用"科目。分期支付价款时，借记"长期应付款"科目，贷记"银行存款"科目。采用实际利率法，分期摊销未确认融资费用时，借记"财务费用"科目，贷记"未确认融资费用"科目。

二、所有者权益的核算

我国《企业会计准则——基本准则》规定："所有者权益是指企业资产扣除负债后由所有者享有的剩余权益。"所有者权益由实收资本（或股本）、其他权益工具、资本公积、其他综合收益和留存收益（盈余公积和未分配利润）构成。

（一）实收资本和其他权益工具的核算

1. 实收资本的核算

实收资本（或股本）是所有者投入资本形成法定资本的价值。

为了反映和监督投资者投入资本的增减变动情况，除股份有限公司以外，其他各类企业应设置"实收资本"科目。该科目的贷方登记实收资本的增加额，借方登记实收资本的减少额，期末贷方余额反映企业期末实收资本实有数。为了反映企业各所有者投资在企业所有者权益中的构成及其变动情况，"实收资本"科目还必须按所有者设置明细科目，进行明细分类核算。

股份有限公司应设置"股本"科目，用于核算公司在核定的股份总额范围内实际发行股票的数额。该科目贷方登记公司按核定的股份总额范围内实际发行的股票票面总额，借方登记公司按照法定程序经批准减少的股本数额，贷方余额反映公司期末股本实有数额。

企业接受投资者以货币方式投入的资本时，按照实际收到的金额，借记"库存现金""银行存款"科目，按其在注册资本或股本中所占份额，贷记"实收资本"或"股本"科目，对于实际收到的金额超过投资者在企业注册资本或股本中所占份额的部分，贷记"资本公积——资本溢价"或"资本公积——股本溢价"科目。

企业接受投资者以非货币财产方式出资投入的资本时，应按实际收到的非货币财产的评估价值，借记"原材料""固定资产""无形资产"等科目，按其在注册资本或股本中所占份额，贷记"实收资本"或"股本"科目，按其差额，贷记"资本公积——资本溢价"或"资本公积——股本溢价"科目。涉及增值税业务的，还应进行有关增值税业务的会计处理。

2. 其他权益工具的核算

其他权益工具，是指企业发行的除普通股以外的归类为权益工具的各种金融工具。如企业发行的分类为权益工具的优先股等。

如果企业有其他权益工具，则需要在所有者权益类科目中增设"其他权益工具——优先股"科目核算该类业务。企业发行优先股收到的价款登记在该科目的贷方，可转换优先股转换为普通股的账面价值登记在该科目的借方，贷方余额反映发行在外的优先股账面价值。

（二）资本公积与其他综合收益的核算

1. 资本公积的核算

资本公积是指企业收到的投资者超出其注册资本（或股本）中所占份额的投资，以及直接计入所有者权益的利得和损失。资本公积包括：资本溢价（或股本溢价）和其他资本公积。

为了核算企业资本公积的增减变动情况，企业应设置"资本公积"科目，该科目的贷方核算企业资本公积增加数额；借方核算企业资本公积减少数额；期末贷方余额为企业资本公积结余数额。

为了反映各类不同性质的资本公积的增减变动情况，"资本公积"科目应按照资本公积的类别设置"资本溢价"或"股本溢价"以及"其他资本公积"明细账，进行明细分类核算。

2. 其他综合收益的核算

其他综合收益是指在企业经营活动中形成的未计入当期损益但归所有者共有的利得或损失，主要包括以公允价值计量且变动计入其他综合收益的金融资产公允价值变动；权益法下被投资单位所有者权益其他变动等。

以公允价值计量且变动计入其他综合收益的金融资产的公允价值高于其账面余额的差额，应计入其他综合收益；反之，应冲减其他综合收益。

长期股权投资采用权益法核算时，被投资方确认其他综合收益及其变动，会导致其所有者权益总额发生变动，从而影响投资方在被投资方所有者权益中应享有的份额。当被投资方确认其他综合收益及其变动时，投资方应按持股比例计算应享有或分担的份额，调整长期股权投资的账面价值，同时计入其他综合收益。有关权益法下投资方应按持股比例计算应享有或分担的被投资方其他综合收益变动的会计核算。

（三）留存收益的核算

留存收益是指企业历年实现的净利润经向所有者分配后留存于企业的部分，它是企业的利润积累。虽然留存收益与投资者投入的资本属性一致，即均为股东权益，但与投入资本不同的是，投入资本是由所有者从外部投入公司的，它构成了公司股东权益的基本部分，而留存收益不是由投资者从外部投入的，而是依靠公司经营所得的盈利累积而形成的。

留存收益由盈余公积和未分配利润构成。盈余公积是指企业按照规定从净利润中提取的积累资金。盈余公积包括法定盈余公积和任意盈余公积。公司制企业的法定盈余公积按照税后利润的 10% 提取，法定盈余公积累计额已达注册资本的 50% 时可以不再提取。任意盈余公积主要是公司制企业按照股东会的决议提取。企业提取的法定盈余公积和任意盈余公积可用于弥补亏损和转增资本或股本。法定盈余公积转增资本时，以转增后留存的此项公积不得少于转增前企业注册资本的 25% 为限。未分配利润是企业留待以后年度进行分配的结存利润，是企业所有者权益的组成部分。未分配利润是期初未分配利润，加上本期实现的税后利润，减去提取的各种盈余公积和向所有者分配利润后的余额。

为了核算企业盈余公积的提取和使用等增减变动情况，企业应设置"盈余公积"科目，企业在"盈余公积"科目下设置"法定盈余公积""任意盈余公积"明细科目，分别用于核算企业按照国家规定从税后利润中提取的法定盈余公积和按照股东会的决议提取的任意盈余公积。该科目贷方登记企业按照规定提取的法定盈余公积和任意盈余公积的数额；借方登记企业将盈余公积用于弥补亏损、用于转增资本（或股本）而减少盈余公积的数额等；期末贷方余额表示企业提取尚未转出的盈余公积结存数。

为了核算企业的未分配利润，应设置"利润分配——未分配利润"科目。"利润分配——未分配利润"科目的借方登记转入的本年净亏损额，以及"利润分配"科目下其他有关明细科目转入的余额，贷方登记转入的本年净利润额以及"利润分配"科目有关明细科目转入的余额。该科目的贷方余额表示年末未分配利润的数额；借方余额反映企业年末未弥补亏损的数额。

1. 盈余公积的核算

（1）提取盈余公积。企业按规定提取盈余公积时，借记"利润分配——提取法定盈余公积""利润分配——提取任意盈余公积"科目，贷记"盈余公积——法定盈余公积""盈余公积——任意盈余公积"科目。

（2）盈余公积补亏。根据《中华人民共和国企业所得税法》有关规定："企业纳税年度发生的亏损，准予向以后年度结转，用以后年度的所得弥补，但结转年限最长不得超过 5 年"。因此，企业纳税年度发生的亏损，先用后5 年实现的所得来弥补，如果不足弥补，从第 6 年开始，转为用税后利润弥补。当企业发生特大亏损时，用税后利润仍不能弥补亏损数额时，企业才可用盈余公积弥补亏损。企业以盈余公积弥补亏损时，借记"盈余公积——法定盈余公积""盈余公积——任意盈余公积"科目，贷记"利润分配——盈余公积补亏"科目。

（3）盈余公积转增资本。企业用提取的盈余公积转增资本，应按照批准的转增资本数额，借记"盈余公积——法定盈余公积""盈余公积——任意盈余公积"科目，贷记"实收资本"或"股本"科目。

2. 未分配利润的核算

企业在生产经营过程中取得的收入和发生的费用，最终通过"本年利润"科目进行归集。年度终了，企业应将全年实现的净利润，自"本年利润"科目转入"利润分配——未分配利润"科目。如企业当年实现净利润，借记"本年利润"科目，贷记"利润分配——未分配利润"科目；如果企业发生净亏损，借记"利润分配——未分配利润"科目，贷记"本年利润"科目。

企业以前年度发生净亏损，已借记"利润分配——未分配利润"科目，贷记"本年利润"科目。企业以后年度实现净利润，借记"本年利润"科目，贷记"利润分配——未分配利润"科目。转入"利润分配——未分配利润"科目贷方的数额 与"利润分配——未分配利润"科目存在的借方余额即未弥补亏损数额自然抵补，无须进行专门的账务处理。无论以所得弥补还是用税后利润弥补，其会计处理方法相同，只是两者计算缴纳企业所得税时的处理方法不同。以所得弥补时，其弥补的数额可以抵减当期企业应纳税所得额，用税后利润弥补的数额，不能抵减当期企业应纳税所得额。

企业向股东或投资者分配现金股利或利润时，借记"利润分配——应付现金股利"科目，贷记"应付股利"科目。企业向股东分配股票股利时，借记"利润分配——转作股本的股利"科目，贷记"股本"科目。

　　年度终了，将"利润分配"科目下的其他明细科目（如提取法定盈余公积、提取任意盈余公积、应付现金股利、转作股本的股利、盈余公积补亏等明细科目）的余额，转入"未分配利润"明细科目，借记"利润分配——未分配利润"科目，贷记"利润分配——提取法定盈余公积""利润分配——提取任意盈余公积""利润分配——应付现金股利""利润分配——转作股本的股利"等科目；或者借记"利润分配——盈余公积补亏"等科目。结转后，"未分配利润"明细科目的贷方余额，就是年末未分配的利润数额。如出现借方余额，则表示未弥补的亏损数额。

第三章 现代财务会计的信息化建设研究

第一节 信息化技术对财务会计的影响

一、信息化技术对财务会计工作的积极影响

（一）加强会计核算职能

会计人员在制作会计报表的过程中，需要充分考虑报表内容的时间性，这也是财务会计工作开展的重要影响因素。信息化技术大大提高了会计人员的工作效率，降低了工作人员在实际工作中出现失误以及疏忽的概率，并将其产生的负面影响降到最低。同时，工作人员在实际工作中运用信息化技术，可以保证在第一时间对数据进行准确分析处理，完成对数据的分类以及计算工作，正是由于信息化技术在应用中的以上优势，使整个会计工作的处理效率更高，结果更准确。利用信息化技术，其系统可以根据时间的要求规范自动生成报表内容，大大降低了报表制作的复杂程度。通过以上分析能够看出，信息化技术能够大大加强财务会计工作职能。

（二）加强会计的监督职能

在传统财务会计工作中，工作人员主要通过记账等方式进行工作，这种工作方式无法将自身的监督作用充分发挥出来，影响财务会计工作的准确性，进而对企业发展产生负面影响。而在信息化技术中，可以为会计监督作用的发挥提供条件，例如，利用信息系统，会计人员可以利用系统中的做账功能，建立会计账务系统，其中包括企业的销售系统、固定资产统计系统以及预算分析系统等，实现企业内部会计工作的一体化发展。另外，企业可以

针对不同职能的会计人员，在系统中设置相应的工作权限，这种方式能够给予会计人员规定范围内的权利，避免出现权利职责划分不合理的现象。

（三）辅助企业进行决策管理

在信息化技术环境下，企业决策流程得到了简化，最终决策的准确性也得到了有效提升，在该种环境下，企业管理人员能够对企业开展有效的管理。例如，在实际决策中，利用会计信息化技术，通过企业中的局域网，实时分析会计系统中的信息，同时核实企业的财务情况，为企业决策提供全面有效的财务数据。另外，企业管理人员可以在企业发展计划的基础上，利用会计信息化技术对会计工作进行引导，形成多样化的会计元素，进而达到企业在预算、决策以及监督方面制定的目标，最终达到促进企业良好发展的目的。将信息化技术应用在企业财务会计工作中，可以针对企业内部大量复杂的数据进行分析整理，并利用软件集中处理，这种方式可提高数据处理效率，还能够提高会计财务工作开展的规范性，提高企业集中管控质量。

信息化技术的应用对企业内部控制制度也产生了较大的影响。传统的内部控制管理中，往往采用单纯的人工控制方式，将信息化技术应用到其中，可以实现信息技术与人工的有效融合，共同开展企业内部控制工作。在该种环境下，实现人工控制管理与软件控制管理的相互结合，整个企业内部控制管理涉及的范围更广，要求更加严格，最终的管理效果也就更好。

二、信息化技术对财务会计工作的消极影响

（一）使会计人员产生依赖

会计信息化技术在实际应用过程中，改变了传统的会计工作方式。在传统工作中，会计人员需要搜集大量数据，并根据相应的工作目标处理数据，在整个工作过程中，会计人员需要处于高度集中的状态。而信息化会计处理中，会计人员只需要将数据输入信息系统，不需要根据其工作目标进行细致的数据处理，此举会使会计人员对电子信息系统产生较强的依赖，甚至遗忘部分核算方式，这一情况会影响财务会计工作的可持续发展。

（二）提高了会计信息的失真率

企业会计工作中，部分会计人员受到自身利用的影响，会出现篡改信息的情况，而在传统会计工作中，由于会计数据全部记在账本中，因此被篡改的概率较低。但是在信息化会计系统中，会计信息数据都是以在最终结果的形式记录在其中，因此非常可能被会计人员篡改，进而出现会计信息失真的现象。

通过以上分析能够看出，信息化也会对财务会计工作产生一定的负面影响，部分人员无法适应科学技术带来的变化，也无法在实际工作中熟练使用信息技术，因此对应该种类型的工作人员来说，整体的工作难度提升。虽然在会计财务中已经基本实现了信息化技术的应用，但是会计数据的搜集整理工作，依旧需要依靠会计人员完成，加上会计信息系统以及软件的运行指令，也由会计人员发出，因此信息化技术的应用并没有将会计人员的工作负担降到最低，对于无法熟练使用技术的人员来说，反而增加了工作负担，甚至因为人为因素出现操作失误以及决策失误的情况。另外，信息化技术在带来工作便利条件的同时，也带来了一定的危险因素，例如黑客攻击、电脑病毒等，一旦出现网络中断以及停电等现象，会计财务工作将会受到严重影响，导致其无法正常开展。严重的还会出现会计数据信息丢失以及篡改等现象，给企业造成严重的经济损失。

第二节 会计信息化的发展及推进意义

一、会计信息化的发展

信息化的发展离不开计算机、网络等技术的发展，会计工作的发展也离不开信息化的支持。随着信息技术的日益发展与广泛运用，我国会计信息化的发展日新月异。会计信息化不仅改变了会计核算方式、数据存储形式、数据处理程序和方法，扩大了会计数据处理领域，提高了会计信息质量，而且改变了会计内部控制与审计的方法和技术。会计的本质是一种经济管理活动，因此，会计信息化的进程是伴随着管理信息化以及作为其载体的管理信息系统不断发展而逐步形成的。

最早把计算机应用于会计信息处理领域的是美国通用电气公司，1954 年 10 月，美国通用电气公司开始用计算机计算工资。直到 20 世纪 60 年代中期，由于这一时期计算机价格比较昂贵，人们只是把计算机作为一种计算工具应用于会计领域，主要用来计算数据量大、重复工作较多的会计业务，如计算工资、库存材料收发核算等。这是计算机应用于会计领域的初期，主要是局部替代一些手工操作，提高工作效率。20 世纪 60 年代中期后，随着计算机技术、数据库技术的发展与完善，尤其是微型计算机的发展与计算机价格的下跌，计算机在会计领域的应用不断扩大，计算机在会计中的应用使会计管理工作发生了深刻的变革。因此，会计信息化的发展阶段可以概括为：单项会计数据处理阶段、部门级会计数据处理阶段和财务数据与业务数据一体化处理阶段。

（一）单项会计数据处理阶段

从 20 世纪 50 年代延续到 20 世纪 60 年代末，单项会计数据处理是会计信息系统的初级阶段，国外称这一时期的系统为电子数据处理会计（Electronic Data Processing Accounting，EDPA）。这一阶段，企业的计算机应用水平还很低，系统开发的主要目的是减轻管理人员的劳动强度，替代手工操作，提高业务处理的工作效率。这时期的计算机应用软件的功能比较简单，主要完成的是工资计算、账目汇总、数据统计等单一性、低管理层、小范围的数据处理或事务处理，提供业务数据的汇总资料。这一阶段的会计信息系统的主要特点如下：

第一，会计核算和操作流程模拟手工方式。

第二，只有相互独立的单机运行的会计核算程序，一种核算程序独立完成某项会计业务，相互之间没有联系，还没有形成真正意义上的会计信息系统。

第三，会计数据的采集、输入和处理是后台以批处理方式进行的，即一般通过人工在各业务点收集、整理数据，将一批数据穿孔在纸带或卡片上，然后送到计算机房，输入计算机中，集中成批处理。

我国在 1981 年 8 月提出"会计电算化"的概念后，会计理论界开始研究计算机在会计核算中的应用，并建立起会计电算化理论模型；部分企业也与高校和研究所合作，开始会计电算化相关的应用初步探索。这一时期的会计电算化工作局限于工资管理和会计核算业务处理工作，开发水平较低。

（二）部门级会计数据处理阶段

部门级会计数据处理阶段也称为部门级的会计信息系统阶段，从 20 世纪 70 年代一直延续至今。20 世纪 70 年代，随着小型机和微型计算机的普及，财务部门内越来越多的会计事务独立使用计算机进行处理。当财务部门内的计算机应用达到一定程度时，人们开始考虑如何将内部的各种计算机应用进行集成，使各种应用程序能够共享数据。即任何数据可由一个部门的操作员从一个应用程序录入，存入统一的数据库，按一定的规则处理和授权使用。这样可以减少数据重复输入，提高效率、避免差错、明确责任，同时被授权者能实时共享数据库中不断变化的信息。这就是财务部门内的信息集成。这一阶段会计信息系统开发的主要目标是：综合处理企业各个业务环节中的会计信息，解决多用户、多应用共享数据的要求，使数据为尽可能多的应用服务，为管理者的管理和决策提供信息支持。这一阶段会计信息系统的主要特点如下：

第一，实现了财务部门内的信息集成，即"来源唯一、实时共享"。会计信息系统突破了传统的数据处理范围的局限，会计信息系统中各子系统有机地结合在一起，形成了整体性的会计信息系统，会计数据的采集和输入可由某个子系统完成，其他子系统共享。例如，产品基本信息可以在存货核算子系统输入，销售核算子系统共享。

第二，部门级的会计信息系统一般是局域网结构或主机终端结构。部门级的会计信息系统的功能是比较完备的，包括账务处理、工资核算、固定资产核算、应收应付核算、存货核算、成本核算等诸多子系统。各子系统之间可进行信息传递和数据共享。

第三，会计信息系统与其他业务子系统之间形成相互独立的"信息孤岛"。由于部门级的会计信息系统是以会计部门为目标对象建立的，主要考虑财会部门的管理需求和功能，没有考虑与企业其他业务系统的联系，会计数据的采集和输入要被动地等待其他业务系统的业务员传递业务单据，系统只能进行事后的核算和分析，生产的会计信息是滞后的。另外，系统不能同时提供财会信息和非财会信息，不利于企业管理者作出决策。

（三）财务数据与业务数据一体化处理阶段

财务数据与业务数据一体化处理阶段又称为企业级的会计信息系统阶段，是目前会计信息系统发展的主流方向。20 世纪 70 年代后期，市场竞争加剧，企业越来越深刻地认识到：要提高企业的市场竞争力，仅靠提高某个职能部门的工作效率是不够的，需要企业各个业务部门紧密协同，才能从整体上提高企业的效率和效益。这个时期，如何将管理的思想、方法和模式与信息系统的研发和应用相结合日益受到重视，管理者希望通过信息技术的应用，使企业生产经营活动中的物流、资金流、信息流融为一体，在企业内畅通地流动，有效地支持管理和决策，推动企业管理的进步，为企业和客户创造价值。这个阶段，企业建立管理信息系统的目的是提高企业经济效益和核心竞争力，会计信息系统作为企业整个管理信息系统的一个有机子系统，其设计目标应充分考虑企业整体的管理和决策需求。这一阶段会计信息系统的主要特点如下：

第一，会计信息系统与企业业务信息系统高度集成，成为企业管理信息系统的一个有机组成部件。这个阶段的会计信息系统建设要打破职能部门壁垒的局限，企业要进行业务流程的改进，按照企业的业务过程（如采购与付款过程、生产转换过程、销售与收款过程）设立组织结构，实现企业业务流程、会计工作流程和信息流程的集成，从而使企业的物流、资金流、信息流和业务流整合为一体，极大地提高了整个企业的信息共享性。

第二，企业级的会计信息系统大多是基于 B/S（浏览器 / 服务器）结构的网络系统。企业高度集成的管理信息系统包括会计管理、人力资源管理、生产管理、成本管理、销售管理等所有业务管理的功能。这些业务部门的地理位置分布是广泛的，企业管理信息系统的网络应该是一个覆盖各个业务部门的整体的网络系统，能够实现各个业务部门之间的数据传递和企业范围内的信息共享。

第三，企业级的会计信息系统是事件驱动型，会计系统可以实时采集业务系统的会计数据。所谓事件驱动型，是指会计的业务流程与企业的业务执行系统融为一体，会计数据的采集、存储、处理、传输嵌入业务处理系统中，当业务事件发生时能够实时、自动地采集详细的业务和财务数据，执行处理和控制规则。事件驱动型系统的核心是集成，即业务处理和信息处理的集成、财务信息和非财务信息的集成、会计核算与会计管理的集成。

第四，会计信息系统的管理和控制功能得以发挥，会计信息系统的应用价值得以提升。由于能实时采集和处理会计数据，会计信息系统不仅能执行事后的核算和分析，还能够进行有效的事中控制，使会计工作的重点由核算转为管理和控制，并且可以充分利用业务和财务的综合信息和决策模型，为制订管理决策和企业发展战略提供支持。

随着信息技术的发展，我国会计电算化软件功能也逐步完善增强，由孤立的几个财务模块发展成为具有账务、报表、应收应付、固定资产、采购管理、库存管理、存货核算、销售管理、成本管理等模块的集成化通用系统；由单一的财务部门应用，发展成为多部门共享的企业级会计信息系统；由单纯的记账、算账、报账发展成为以管理为核心的面向企业生产经营全过程，实现财务业务一体化的 ERP 系统。

二、推进会计信息化的意义

会计工作是经济社会发展的基础，直接关系到各单位会计信息质量和内部管理，国家社会管理、宏观决策和市场监管，以及市场经济秩序和社会公众利益等各个方面。信息化是当今世界发展的必然趋势，是推动我国现代化建设和经济社会变革的技术手段和基础性工程。会计工作与信息化建设密切相关、相辅相成、相互促进。全面推进会计信息化建设具有重要而深远的意义。

（一）顺应信息技术发展趋势、贯彻落实国家信息化战略的重大举措

信息化是充分利用信息技术，开发利用信息资源，促进信息交流和资源共享，提高经济增长质量，推动经济社会发展转型的历史进程和变革力量。会计信息化是国家信息化的重要组成部分，既是完善国家信息化总体布局的

重要环节和基础工程，也对提高全社会信息化水平有着十分重要的促进作用。在信息化时代背景下，会计只有与先进的信息技术手段相结合，才能深度挖掘会计的信息功能，才能充分发挥会计的管理职能，才能实现会计信息的决策有用目标，才能提升会计在经济社会中的重要地位。

（二）顺应市场经济发展要求，改善宏观调控与微观管理的有力支撑

在市场经济条件下，信息资源已经成为弥足珍贵的经济资源。会计信息作为资源配置的引导员、资本市场的风向标和经济信息的主载体，对于政府加强宏观调控和企业加强微观管理都发挥着无可替代的基础性作用。全面推进会计信息化建设，促进会计信息生成与披露的标准化、规范化，促进会计信息交换与利用的科学化、集成化，把过去电算化条件下时效迟滞的信息变为实时在线的信息、相对单一的信息变为联结价值链的整合信息、单向"零售"的信息变为多向"批发"的信息，对于提高国民经济预测、预警与监测水平，增强宏观调控的前瞻性、针对性和有效性具有积极的促进作用，对于加强财政会计工作的科学化、精细化管理水平具有重要的支撑作用，对于企业整合信息资源、延伸管理触角、实施精细管理、防范风险舞弊、作出科学决策具有重要的战略意义。

（三）顺应经济全球化发展要求，参与国际规则制定和协调的必然选择

当今人们正处于经济全球化的时代，经济全球化的一个基本特征是"游戏规则"的全球化、趋同化。在信息技术、信息资源日益深刻影响全球产业分工和竞争格局的新形势下，包括会计信息技术标准在内的信息技术规则问题，成为各国普遍关注的重要问题，谁掌握了信息技术标准的制定权，谁就掌握了行业和市场的主动权。全面推进会计信息化建设，在会计信息化标准化方面加强研究、丰富知识、储备人才、积累经验，全面介入有关国际会计信息化标准的研究与制订工作，充分发挥中国在会计信息化标准方面的国际影响力，不断学习借鉴国外先进成果并大力推进自主创新，积极促进我国会计信息化领域的标准成为国际标准，逐步树立具有中国特色和国际影响力的会计信息化品牌，这必将成为会计行业影响国际规则制订的又一重要成果，必将成为会计行业维护国家经济安全的又一积极贡献。

第三节 会计信息系统的构建与管理研究

一、会计信息系统的构建

（一）会计信息系统的结构

会计信息系统的结构是指系统的组成部件及部件之间的构成框架。会计信息系统是企业管理信息系统的一个子系统，根据系统所具有的独立性、层次性的特点，它本身又是一个完整的独立整体。因此，既可以从垂直方向按职能结构建立基于计算机的会计信息系统，也可以从水平方向按管理的层次结构建立会计信息子系统。

1. 按会计核算职能构建的会计信息系统结构

由于企业经营业务不同，会计核算本身又有明显的行业特点，不同行业的会计核算信息系统划分的子系统功能模块就会不同。按会计核算职能构建的会计信息系统结构主要表述了会计软件的功能结构，以及会计软件模块之间的信息传递关系。

工业企业经营活动的特点是供、产、销三个环节，即企业要对购进的原材料进行加工，使之成为商品后进行销售。工业企业的特点决定了工业企业的会计信息系统主要是对其供、产、销过程进行核算、反映和控制。虽然不同企业的生产特点不同，使用的核算方法不同，但其核算的过程却大同小异，所以工业企业会计核算信息系统划分的子系统基本一致。

2. 按管理层次构建的会计信息系统结构

按会计信息服务层次的不同构建的会计信息系统结构，其最底层是会计核算信息系统（Accounting Information System，AIS），中间层是会计管理信息系统（Accounting Management Information System，AMIS），最上层是会计决策支持系统（Accounting Decision Support System，ADSS）。按管理层次构建的会计信息系统结构主要表述了不同层次的管理者所要求的信息支持系统，以及不同层次信息系统之间的数据传递关系。

三个层次的信息传递及与外部环境的信息交流有明显的层次性。在核算层，外部环境记录的经济活动的原始凭证或会计人员整理后编制的记账凭证输入 AIS，经过系统加工处理，输出各种账簿和会计报表，它侧重对经济业务的记录和反映。在管理层，AMIS 接受外部输入的各种控制指标、计划管理数据，同时接收核算层提供的核算信息，经过加工处理，输出各种财务分析、财务计划、财务控制报表，并将财务控制信息传递给 AIS。在决策层，ADSS 接收外部输入的市场信息资料和企业其他管理部门的信息资料，同时接收内部输入的财务信息，经过加工处理，输出预测、辅助决策信息，同时向 AMIS 传递决策方案信息，帮助制订管理计划和控制标准，以便更有效地进行新的经济核算。

会计核算信息系统是电算化会计信息系统的基础，只有它提供准确、真实、及时的会计信息，才能为管理者和决策者提供正确的基础数据，才能为相关使用者提供需要的信息。只有在会计核算软件广泛普及应用并且企业实现现代化管理后，AMIS、ADSS 系统才能真正发挥作用。

3. 会计信息系统间的数据传递关系

在会计信息系统中，各个核算子系统一方面要接收各自的原始凭证进行处理，输出满足特定管理要求的会计信息，另一方面各个子系统之间还要传递信息，共同完成会计核算职能。各核算子系统之间传递信息的方式大多采用汇总原始数据、编制转账凭证的方式。

例如，工业企业会计中工资、材料、销售核算子系统都是通过汇总原始凭证，编制转账凭证传递至账务处理子系统，所以，很多会计软件都设有自动转账功能模块，由机器自动编制转账凭证（机制转账凭证），完成子系统之间的数据传递。报表处理子系统编制的对外会计报表的数据基本上能从账务处理子系统中获得。内部管理用的报表比较复杂，需从其他核算子系统中取数。账务处理与成本核算两个子系统的联系最复杂，成本核算子系统既要向账务处理子系统传递凭证，又要从账务处理子系统中获取各种费用数据。

（二）会计信息系统的建立

1. 硬件及系统软件的配置

硬件建设主要侧重于计算机网络的规划和建设。计算机网络结构是指以能够相互共享硬件、软件、数据资料的方式连接起来的，各自具备独立功能的计算机系统的集合。计算机网络结构最显著的特点是会计信息资料共享，即将一个计算机系统的信息通过网络联结提供给同一网络的不同计算机用户。计算机网络结构是实施会计信息化时通常采用的计算机硬件结构。

计算机网络系统设计要考虑特定企业会计信息化发展策略、企业管理机构设置、业务处理流程等众多因素，不可能给出一个标准的方案供所有企业共同使用。在硬件平台建设时应考虑先进性原则、实用性原则、可维护原则、安全性原则、经济性原则、开放性原则和标准化原则。

系统软件的配置包括操作系统、数据库管理系统、工具软件及办公自动化软件的选择。通常情况下，操作系统可以在 UNIX、Linux、Windows 这几种流行网络操作系统之间选择。大型企业一般可选择 UNIX 或 Linux 作为主要的服务器操作系统，但建立和维护 Linux 平台存在一定困难，相对而言 Windows 的安装、维护和管理比较简单。由于 Intranet 支持多种硬件平台，可运行多种操作系统，因此如果需要，也可以选择多种产品，组成混合性的多平台网络。数据库系统主要分为服务器数据库系统和桌面数据库系统。服务器数据库主要适合大型企业使用，代表系统主要有 Oracle、Syhase、Informix、SQL Server 和 DB2 等。服务器数据库系统处理的数据量大，数据容错性和一致性控制好；但服务器数据库系统的操作与数据维护难度大，对用户水平要求高。桌面数据库主要适用于数据处理量不大的中小企业，主要软件产品有 Access、FoxPro、Paradox 等。

2. 配备会计软件

配备会计软件主要有选择商品化会计软件、定点开发、商品化与定点开发会计软件相结合三种方式。会计信息化初期，最好根据企业业务经营的特点选择各项功能能最大限度满足企业业务需要的商品化会计软件。会计信息化工作深入后，商品化会计软件不能完全满足其特殊需要时，可根据实际工作需要对商品化会计软件进行二次开发。在选择商品化会计软件时，应从以下方面进行考查与选择：

第一，商品化会计软件应满足国家有关会计软件的管理规定。中华人民共和国财政部颁布的《企业会计信息化工作规范》中，第二章"会计软件和服务"对会计软件应该具备的功能以及软件供应商应该提供的服务进行了规范，会计软件的开发设计者在开发和设计应严格遵守。

第二，评价商品化会计软件是否具有实用性和先进性。包括评价商品化会计软件是否适于本单位会计业务处理的性能要求；评价商品化会计软件安全可靠性及运行稳定性；评价商品化会计软件易学、易操作的性能；评价软件能否很好地适应单位财务处理的具体情况，并在单位财务工作内容发生变化时，软件适应这些变化的程度；考查商品化会计软件对硬软件环境的要求，使用单位是否能提供和满足；评价商品化会计软件在同类产品中的先进程度，软件的核心技术是否能够满足用户当前和今后的需要，随着电子商务日益重要，该产品是否集成了 Web，软件采用的技术是否成熟及符合软件技术的发展趋势，是否具有辅助管理、辅助决策功能；考查商品化会计软件是否具备二次开发的功能。

第三，评价会计软件开发商的技术实力、发展前景、商誉和售后服务。软件开发商的技术实力和发展前景是指软件开发商的技术实力如何，规模和市场占有率多大，有哪些相关软件产品，这些产品在国内影响如何，是否通过质量管理体系认证，是否有稳定的开发队伍。商誉主要指软件制造与经销厂家（或公司）是否重合同守信用。售后服务主要包括操作培训、售后维护、系统初始化、版本更新等。

第四，进行成本效益分析，选择既能满足会计处理的要求，性能价格比又是最优的软件。一般来说，商品化会计软件的购置费用包括软件费用、资料费用及培训费用、维护服务费用、安装费以及其他配套费用。考虑费用问题时，不能仅以总费用高低来进行选择，一般应确定多个厂家产品的购置费用，对软件的质量和满足需要的程度进行综合考虑。

商品化会计软件的通用性和适用性是一对矛盾。通用性强的软件，针对某一企业核算的适用性就可能差一些；反之，非常适合某一行业的软件在通用性上就可能差一些。软件开发商为了提高会计软件的通用性，通常采取自定义方式，自定义的内容少，简单易学，操作者很快就能熟悉操作过程，但适用性差；自定义的内容多，较难理解和掌握，但通用性强，容易满足不同用户的需要。

3. 会计软件的初始化

会计软件的初始化是确定会计软件的核算方法与输入基础数据的过程，即在会计软件应用前，应根据本单位的业务性质、规模以及管理要求等因素，选择核算方法，输入基础数据。例如，账务处理系统初始化工作的主要内容包括：系统总体参数设置，如核算单位、启用日期、编码规则等；基础档案设置，包括设置凭证类别、设置部门档案、设置职员档案、设置往来档案、建立会计科目等；输入期初余额，定义自动转账分录等；工资核算系统设置部门编码、职工类型，以及工资项目、运算关系定义等；固定资产管理系统设置资产类别、录入原始卡片；报表处理系统中的设置报表格式，设置计算公式和审核公式；供应链管理中的录入采购期初数据、供应商往来期初数据、客户往来期初数据、库存管理期初数据等。

4. 会计系统的转换

系统转换是指由手工会计系统到会计信息化会计系统的转换。当企业建立和配备了与会计信息化系统相适应的组织机构和人员、建立了严格完善的管理制度体系、使用符合《企业会计信息化工作规范》要求的会计软件、经过不少于三个月的平行运行后，可以进行系统正式转换工作。平行运行是指会计软件使用的最初阶段人工与计算机同时进行会计处理的过程。

会计软件在正式运行前进行平行运行的主要目的有：第一，检验核算结果的正确性，平行运行阶段手工处理和计算机处理同时进行，以检验手工运算结果与计算机运算结果的一致性；第二，检查建立的会计信息化系统是否符合会计核算和管理的要求；第三，检验会计信息化岗位设置及人员分工是否合理；第四，使用人员对软件的操作是否存在问题，通过平行运行提高软件操作的熟练性；第五，检查信息化内部管理制度是否完善。平行运行的时间，可以在年初、年末、季初、季末等特殊会计期间，这样才能取得全面的人机比较数据，发现可能存在的问题，找出原因、纠正错误。平行运行的时间一般为 3 ～ 6 个月，最好能跨越一个会计年度。平行运行期间，定期核对手工方式下会计核算数据和会计信息化系统软件处理的会计数据是否一致。如果出现差异，应分析原因，从管理上看是合理合法的，视为平行运行通过，否则应查明原因予以纠正解决。

二、会计信息系统的管理

（一）会计信息化系统的日常操作管理

会计信息化系统的日常操作管理是通过对系统运行的管理，保证系统正常运行完成预定任务，保证系统内各类资源的安全与完整。如果单位的操作管理制度不健全或实施不得力，都会给各种舞弊行为以可乘之机；如果操作不正确会造成系统内数据的破坏或丢失，影响系统的正常运行，也会造成数据录入不正确，影响系统的运行效率，甚至输出不正确的账表；如果各种数据不能及时备份，则有可能在系统发生故障时，使得会计工作不能正常进行；如果各种差错不能及时记录下来，则有可能使系统错误运行，输出不正确、不真实的会计信息。

（二）会计电算化系统的维护管理

会计信息化系统的维护包括硬件维护与软件维护两部分。

硬件维护是指对计算机主机、外部设备及机房各种辅助设备进行的检修、保养工作，以保证硬件系统处于良好的运行状态。一般情况下，应每周检查一次计算机硬件系统，并做好检查记录，经常对有关设备进行保养，保持机房和设备的整洁，防止意外事故发生。定期对计算机场地的安全措施进行检查。

软件维护主要包括正确性维护、适应性维护、完善性维护三种。正确性维护是指诊断和改正错误的过程；适应性维护是指当单位的会计工作发生变化时，为了适应变化而进行的软件修改活动；完善性维护是指满足用户在功能或改进已有功能的需求而进行的软件修改活动。软件维护从是否修改程序的角度还可分为操作性维护与程序维护两种。操作性维护主要是利用软件的各种自定义功能来修改软件，以适应会计工作的变化，操作性维护实质上是一种适应性维护；程序维护主要是指需要修改程序的各项维护工作。

会计软件的维护主要是操作性维护，利用会计软件本身提供的功能直接在运行中进行维护，是一种日常维护工作。内容包括数据文件记录的维护、代码库记录数据的维护、数据备份与恢复等方面。可建立各具体维护内容的责任分工制度，并进行工作权限的控制。

如果对会计信息化系统的维护不能通过软件本身提供的维护功能来解决，则需要直接修改系统。修改系统是一项细致而严密的工作，必须谨慎从事，要有一套严格的工作制度，由对系统的功能结构十分清楚的系统管理员直接掌握和决定，并负责实施。对于商品化会计软件，软件修改和版本升级由软件厂家或代理商负责，单位软件维护人员的主要任务是与软件开发销售单位联系，及时修改或得到新版会计软件，并经审批后对软件进行升级维护，在软件升级和软件更换过程中，保证实际会计数据的连续和安全，并由有关人员进行监控。

（三）设立机房的管理

设立机房是为计算机设备创造良好的运行环境，保护计算机设备，防止各种非法人员进入机房，保护机房内的设备、机内的程序与数据的安全。机房管理的主要内容包括：机房人员的资格审查，机房内的各种环境、设备要求，机房中禁止的活动和行为，设备和材料进出机房的管理要求。

（四）会计资料档案的管理

企业会计资料的归档管理，遵循国家有关会计档案管理的规定。此外，中华人民共和国财政部颁布的《企业会计信息化工作规范》规定，在保证会计事项可追述、可证明的条件下，可以对会计资料进行无纸化管理。信息化的价值和目标之一是取代手工作业和纸面文件。如果没有充分的理由，仅仅因为会计资料是电子形式而不予认可，则信息化的优势就大打折扣，也会挫伤企业开展会计信息化的积极性，阻碍会计信息化的深入发展。而且，会计资料的纸面要求，会进一步导致企业间交易摆脱不了纸面文件的传递，整个经济体系交易环节的信息化发展也受到制约，从而阻碍社会产品和服务模式的创新。从政策制度层面认可电子会计资料的有效性，免除企业对一定范围内会计资料的打印责任，是建设社会主义生态文明，促进社会整体信息化水平进一步提高的现实要求。

可以无纸化管理的内部生成会计资料有会计凭证、账簿和辅助性会计资料。这里的会计凭证，包括原始凭证和记账凭证，会计账簿包括总账、明细账和日记账，而辅助性会计资料则含义宽泛，包括固定资产卡片、项目辅助账、银行存款余额调节表等各种会计资料。

可以无纸化管理的外部获取会计资料是指所记载内容需要企业外部人员或者机构认可的会计资料。这类资料的范围比较广，主要是原始凭证，如发票、银行回单等。此外，还包括银行对账单、购销合同等其他外部获取资料。需要注意的是，外部获取资料不等于外部制作的资料，一份会计资料由本企业制作，但经过了外部认可，也属于外部获取会计资料。例如，产品订购单的格式和项目一般是由本企业设计，但如果需要客户的签章确认，就属于外部获取会计资料。

（五）会计信息系统的安全管理

随着网络技术的飞速发展，信息系统的安全性已成为网络互联技术中的关键问题。为了确保会计信息系统加工输出的财务报表的可靠性，信息系统在建设的过程中必须遵循一套内部控制制度，这就是内部控制规范体系。会计信息系统的安全管理首先要进行会计信息系统内部控制建设，其次要保障会计软件的安全性。

1.会计信息系统的内部控制管理

内部控制的概念是从内部牵制发展而来的，会计界的学者、理论工作者，以及各类职业团体从不同的层面对内部控制进行研究，形成了从不同角度对内部控制的描述。其中，影响较大的是发起组织委员会（COSO）[由美国的注册会计师协会（AICPA）、美国会计学会（AAA）、财务经理协会（FWI）、国际内部审计协会（IIA）和管理会计师协会（IMA）组成的一个下属委员会]，在《内部控制——整体框架》报告中对内部控制的定义："内部控制是由公司董事会、管理层和其他员工实施的，为保护公司的资产、保证运营的效率和效果、保证财务报告的可靠性以及法律法规的遵循性等目标达成而提供合理保证的过程。"

我国由中华人民共和国财政部、中华人民共和国审计署、国务院国有资产监督管理委员会、中国证券监督管理委员会证监会、中国银行保险监督管理委员会联合发起成立的企业内部控制标准委员会在《企业内部控制基本规范》中定义了内部控制，内部控制，是由企业董事会、监事会、经理层和全体员工实施的、旨在实现控制目标的过程。内部控制的目标是合理保证企业经营管理合法合规、资产安全、财务报告及相关信息真实完整，提高经营效率和效果，促进企业实现发展战略。

（1）会计信息系统内部控制的主要特点。

第一，系统开发阶段的控制是其他控制有效发挥作用的前提。系统开发是系统运行的前提，系统开发阶段的错误是会往后扩散的。如果设计出来的系统不能满足用户的要求或设计上有错误，那么，即使以后的各项控制制度是严密完善的，也会给企业带来巨大的损失，而且系统一旦投入使用，再修改会非常困难或要耗费巨额成本。

第二，电子数据处理部门是控制重点。在手工会计系统中，每一项经济业务活动都可划分为授权、核准、执行、记录和复核等步骤，并把这些步骤分别交给不同的部门或人员来办理。但在电算化会计信息系统中，会计人员主要负责原始数据的输入、审核，以及分析处理计算机输出的报告，因此，控制的重点是输入和输出这两个人机交互环节；而原始数据一经输入就由计算机自动处理，大量工作都集中到电子数据处理部门，数据及其安全可靠的责任也都高度集中于电子数据处理部门，因此，该部门是控制重点。

第三，部分控制手段和方式变成自动化、程序化。手工会计系统中，一般用职责分离、平行登账、对账等控制措施来防止正常工作过程中发生的人为错误或舞弊。电算化会计信息系统中，可以将某些控制措施编写成计算机程序，由系统进行自动控制。例如，会计凭证输入后，计算机可自动检查会计科目编码是否正确，凭证编号是否重复，借贷是否平衡，制单和审核是否为同一个人，等等。

第四，控制的要求更为严格，内容更加广泛。电算化会计信息系统数据处理比手工系统有更大的风险，要求更为严格，同时控制的内容也扩大了。例如，需要严格操作管理制度，以管理和保护各种机器设备、机房设施以及为数众多的计算机文件，否则，就会造成比手工会计系统更大的危害。

（2）会计信息系统内部控制的类别划分。

依据控制的预定意图，分为预防性控制、检查性控制和纠正性控制三类。其中，预防性控制是指为防止不利事件的发生而设置的控制；检查性控制是指用来检查发现不利事件而设置的控制；纠正性控制，也称恢复性控制，是为了消除或减少不利事件造成的损失和影响而设置的控制。

依据控制所采取的工具或手段，分为手工控制和程序控制两类。手工控制是指控制的实施由人工进行操作；而程序控制是指由计算机程序自动完成控制。

依据控制对象的范围和环境，分为一般控制和应用控制两类。一般控制是指对电算化会计信息系统的构成要素（人、机器、文件）及环境的控制，应用控制是对数据处理过程本身的控制。一般控制是应用控制的基础，它为数据处理提供了良好的环境；应用控制是一般控制的深化，在其基础上，直接深入具体的业务数据处理过程，为数据处理的准确性、完整性和可靠性提供保证。

2. 会计软件的安全使用

（1）严格管理账套使用权限。在使用会计软件时，用户应该对账套使用权限进行严格管理，防止数据外泄；用户不能随便让他人使用计算机；在离开计算机时，必须立即退出会计软件，以防止他人偷窥系统数据。

（2）定期打印备份重要的账簿和报表数据。为防止硬盘上的会计数据遭到意外或被人为破坏，用户需要定期将硬盘数据备份到其他磁性介质上（如U盘、光盘等）。在月末结账后，对本月重要的账簿和报表数据还应该打印备份。

（3）严格管理软件版本升级。对会计软件进行升级的原因主要有：因改错而升级版本；因功能改进和扩充而升级版本；因运行平台升级而升级版本。经过对比审核，如果新版软件更能满足实际需要，企业应该对其进行升级。

3. 计算机病毒的防范

计算机病毒是指编制者在计算机程序中插入的破坏计算机功能，影响计算机使用并且能够自我复制的一组计算机指令或程序代码。

（1）计算机病毒的特性。

第一，寄生性。计算机病毒寄生在其他程序之中，当执行这个程序时，病毒就起破坏作用，而在未启动这个程序时，它是不易被人发觉的。

第二，传染性。计算机病毒入侵系统后，在一定条件下，破坏系统本身的防御功能，迅速地进行自我复制，从感染存储位置扩散至未感染存储位置，通过网络更可以进行计算机与计算机之间的病毒传染。

第三，潜伏性。一般情况下，计算机病毒感染系统后，并不会立即攻击计算机，而是具有一段时间的潜伏期。潜伏期长短一般由病毒程序编制者所设定的触发条件决定。

第四，隐蔽性。计算机病毒具有很强的隐蔽性，有的可以通过病毒软件检查出来，有的根本就查不出来，有的时隐时现、变化无常，这类病毒处理起来通常很困难。

第五，破坏性。计算机系统一旦感染了病毒程序，系统的稳定性将受到不同程度的影响。一般情况下，计算机病毒发作时，由于其连续不断的自我复制，大部分系统资源被占用，从而减缓了计算机的运行速度，使用户无法正常使用。严重者可使整个系统瘫痪，无法修复，造成重大损失。

第六，可触发性。一般情况下，计算机病毒侵入系统后，并不会立刻发作，而是较为隐蔽地潜伏在某个程序或某个磁盘中，当达到病毒程序所敲定的触发条件，例如设定日期为触发条件或设定操作为触发条件，当条件满足预设时，病毒程序立即自动执行，并且不断地进行自我复制和传染其他磁盘，从而破坏系统。

（2）计算机病毒的分类。

第一，按计算机病毒的破坏能力，分为良性病毒和恶性病毒。良性病毒是指不破坏计算机的数据或程序，只占用计算机资源而不会导致计算机系统瘫痪的计算机病毒。恶性病毒往往没有直观的表现，但会对计算机数据进行破坏，有的甚至会破坏计算机硬件，造成整个计算机瘫痪。良性病毒一般比较容易判断，病毒发作时会尽可能地表现自己，虽然影响程序的正常运行，但重新启动后可继续工作。计算机感染恶性病毒后一般没有异常表现，病毒会想方设法隐藏得更深。一旦恶性病毒发作，等人们察觉时，已经对计算机数据或硬件造成了破坏，损失将很难挽回。

第二，按计算机病毒存在的方式，分为引导型病毒、文件病毒和网络病毒。引导型病毒主要通过软盘在操作系统中传播，感染引导区，蔓延到硬盘，并能感染到硬盘中的"主引导记录"。这种类型的病毒主要就是隐藏在系统盘引导分区中，不容易被察觉。文件病毒是指附属在可执行文件中的病毒，它运行在计算机存储器中，通常感染扩展名为 COM、EXE、SYS 等类型的文件。网络病毒是指通过计算机网络传播感染网络中的可执行文件的病毒。

（3）导致病毒感染的人为因素。

第一，不规范的网络操作。不规范的网络操作可能会导致计算机感染病毒。其主要途径包括浏览不安全网页、下载被病毒感染的文件或软件、接收被病毒感染的电子邮件、使用即时通信工具等。

第二，使用被病毒感染的磁盘。使用来历不明的硬盘和 U 盘，容易使计算机感染病毒。

（4）计算机感染病毒的主要症状。当计算机感染病毒时，系统会表现出一些异常症状，主要包括：①系统启动时间比平时长，运行速度减慢；②系统经常无故发生死机现象；③系统异常重新启动；④计算机存储系统的存储容量异常减少，磁盘访问时间比平时长；⑤系统不识别硬盘；⑥文件的日期、时间、属性、大小等发生变化；⑦打印机等一些外部设备工作异常；⑧程序或数据丢失或文件损坏；⑨系统的蜂鸣器出现异常响声；⑩其他异常现象。

（5）防范计算机病毒的措施。防范计算机病毒的措施主要包括：①规范使用 U 盘；②使用正版软件，杜绝购买盗版软件；③谨慎下载与接收网络上的文件和电子邮件；④经常升级杀毒软件；⑤在计算机上安装防火墙；⑥经常检查系统内存；⑦计算机系统要专机专用，避免使用其他软件。

第四节　财务会计信息化管理体系创新实践

一、创新财务管理理念，提升财务会计人员对信息化管理的重视

创新财务管理理念是当前推动财务会计信息化管理的有效方法，即只有使财务会计工作融入信息时代的浪潮，符合信息时代的发展要求才能真正推动企业财务会计信息化管理进程。而要实现这一目标就要求企业在自身财务会计工作中积极运用"互联网＋会计"的工作模式，实现财务会计工作的内外结合、控制与管理相对应，并将信息化管理始终贯穿其中。此外，创新财务管理理念要从财务会计工作的职能拓展做起，即财务会计部门不仅要承担一定的管理职能，还要承担一部分数据分析、规划发展及辅助决策的职能，这样一来在其职能得到拓展的前提下，财务会计部门对于财务理念的创新也会更进一步，对于财务会计管理信息化内容也有了一定的了解，在明晰信息化管理队伍企业财务会计管理的重要性的同时就加大了对其的重视程度。

二、创新财务工作机制，为财务管理信息化发展打下坚实基础

在竞争日益激烈的今天，创新财务工作机制已经成为现代企业获得市场份额，进军国际市场的重要举措。因为一旦国内企业满足了国际化市场的发展需求，就务必要使自身的财务会计系统也适应国际化市场体系的要求，如此一来才能在国际市场中获得长远且稳健的发展。总的来说，国内企业创新财务工作机制的工作主要从三方面入手：首先，要积极引进国际会计体系，将其与自身会计体系进行对比和借鉴，从而借助国际会计体系使自身的财务会计制度得到完善和创新；其次，建立完善的内部控制制度，使相关财务会计人员的日常行为能够得到良好的监督和完善，从而使其在财务工作机制的创新中发挥出积极作用；最后，当财务会计人员出现不符合内部控制标准的行为时，要及时对其进行教育与批评，形成科学合理的考核机制，使财务会计人员的思想与素质适应企业长远健康发展，财务工作机制能在其参与下得到有效创新。

三、保证企业自身形成的公信力，为推动企业财务会计管理信息化提供保障

保障企业自身形成的公信力是现代企业财务会计信息化管理体系创新实践的重要内容。因为企业公信力的保障可以使企业发展运行流程获得一定的认可，同时还能在一定程度上激励企业财务会计人员的工作积极性。而从财务会计信息化管理层面保证企业自身的公信力主要应从三方面内容入手：一是掌握企业会计信息化管理制度所涉及的内容以及领域，明确其在内容、职能上的分配，并且将不同企业财务管理部门与职能能够和谐有效地统一起来。二是企业要做好自身会计工作的前期准备工作，其中主要包括账目清单的核算与清理、过期账目的清除、未收回项目的追缴等内容。三是企业要对自身业务范围给予明确规定，在清理自身债务的同时明确如实反映清理细节，并按照程序进行申报与清算。这样，企业公信力会显著增强。

四、引进数据分析专业人才，增强企业会计信息分析质量

针对大数据技术存在信息数据分析对比存在缺陷的问题，引进数据分析专业型人才是目前企业最为直接且有效的解决方法。在大数据时代背景下，会计信息化管理工作的有效进行与实现仅依靠会计人员是远远不够的，数据分析师的必要性与重要性也就随着科学技术的不断发展体现了出来。也就是说数据分析师可以运用数据分析模型与工具将企业财务会计中所涉及实际数据更好地整合与分析，进而为企业决策者提供更加科学准确的分析数据，这样一来不仅提升了企业决策者对于实际情况的总结与决策的正确性，也能通过分析数据进一步预测出企业未来可能遇到的风险与发展趋势，对于企业的长远发展大有裨益。

第二篇　内部控制

第四章　内部控制的基本理论

第一节　内部控制的产生与发展

现代意义上的内部控制是在长期的经营实践过程中，随着组织（单位）对内加强管理和对外满足社会需要而逐渐发展起来的自我检查、自我调整和自我制约的系统，其中凝聚了世界上古往今来的管理思想和实践经验（宋良荣，2006）。内部控制在西方国家已经有比较长的发展历史，根据内部控制在不同发展阶段的特征，可以将内部控制的发展分为四个阶段，即内部牵制阶段、内部控制制度阶段、内部控制结构阶段、内部控制整体框架阶段。

一、内部牵制阶段——萌芽期

在20世纪40年代前，人们习惯用内部牵制这一概念。这是内部控制的萌芽阶段。《柯氏会计辞典》对内部牵制的定义是以提供有效的组织和经营方式，防止错误和非法业务发生的业务流程设计。其主要特点是以任何个人或部门不能单独控制任何一项或一部分业务权力的方式进行组织上的责任分工，每项业务通过正常发挥其他个人或部门的功能进行交叉检查或交叉控制。设计有效的内部牵制以便使各项业务能完整正确地经过规定的处理程序，而在这些规定的处理程序中，内部牵制机能永远是一个不可缺少的组成部分。

20世纪40年代后期，内部牵制理论成为企业的重要管理方法和概念。内部牵制是以"查错防弊"为目的，以职务分离和账目核对为手段，以钱物和账目等会计事项为主要控制对象的初级控制措施。其特点是以账户核对和职务分工为主要内容进行交叉检查或交叉控制。一般来说，内部牵制机能的执行大致可分为以下四类：①实物牵制；②机械牵制；③体制牵制；④簿记牵制。内部牵制的基本思想是"安全是制衡的结果"，它基于两个设想：①两个或以上的人或部门无意识地犯同样错误的机会是很小的；②两个或以上的人或部门有意识地合伙舞弊的可能性大大低于单独一个人或部门舞弊的可能性。实践证明这些设想是合理的，内部牵制机制有关组织机构控制、职务分离控制是现代内部控制理论的基础。

二、内部控制制度阶段——产生期

20世纪40年代末至70年代初，在内部牵制思想的基础上，产生了内部控制制度的概念，这是现代意义上内部控制产生的阶段。工业革命极大地推动了生产关系的重大变革，股份制公司逐渐成为西方各国主要的企业组织形式，为了适应当时社会经济关系的要求，保护投资者和债权人的经济利益，西方各国纷纷以法律的形式要求强化对企业财务会计资料以及这种经济活动的内部管理。

在1934年美国政府出台的《证券交易法》中首次提出了"内部会计控制"的概念，推行一般与特殊授权、交易记录、账面记录与事务资产对比等差异补救措施。1949年，美国注册会计师协会（AICPA）所属的审计程序委员会（CPA）在《内部控制：系统协调的要素及其对管理部门和独立注册会计师的重要性》的报告中，首次正式提出了内部控制的定义："内部控制包括组织机构的设计和企业内部采取的所有互相协调的方法和措施。这些方法和措施都用于保护企业的财产，检查会计信息的准确性，提高经营效率，推动企业坚持执行既定的管理方针。"该定义提出了从制定与完善内部控制的组织、计划、方法与措施等规章制度来实现内部控制，突破了与财务会计部门直接有关的控制的局限，明确了内部控制的四个目标，即企业在商业活动中保护资产、检查财务数据的准确性和可靠性、提高工作效率以及促进遵守既定管理规章。该定义的积极意义在于有助于管理当局加强其管理工作，局限性是涉及的范围过于宽广。1958年该委员会发布的第29号审计程序公报《独立审计人员评价内部控制的范围》中，根据审计责任的要求，将内部控制分为两个方面进行，即内部会计控制和内部管理控制。前者主要涉及内部控制的前两个目标，后者主要涉及内部控制的后两个目标。这就是内部控制"制度二分法"的由来。由于管理控制的概念比较空泛和模糊，在实际业务中内部管理控制与内部会计控制的界限难以明确划清。为了明确两者之间的关系，1972 年美国注册会计师协会在《审计准则公告第 1 号》中，重新阐述了内部管理控制和内部会计控制的定义："内部管理控制包括，但不限于组织机构的计划，以及与管理部门授权核准经济业务决策步骤上的有关程序和记录。这种对事项核准的授权活动是管理部门的职责，它直接与管理部门执行该组织的经营目标有关，是对经济业务进行会计控制的起点。"同时，明确了内部会计控制制度的重要内容包括与保护资产、保证财务记录可信性相关的机构计划、程序和记录。经过一系列的修改和重新定义，内部控制的含义较以前更为明晰和规范，涵盖范围日趋广泛，并引入了内部审计的理念，在世界范围内得到认可和引用，内部控制制度由此而生。

三、内部控制结构阶段——发展期

内部控制结构理论形成于 20 世纪 80 年代至 90 年代初期，这一阶段西方会计审计界对内部控制的研究重点逐步从一般含义向具体内容深化。在这一时期，系统管理理论成为新的管理理念，它认为：世界上任何实物都是由要素构成的系统，由于要素之间存在着复杂的非线性关系，系统必然具有要素所不具有的新特性，因此，应立足于整体来认识要素之间的关系。系统管理理论将企业组织当作一个由子系统组成的有机系统进行管理，注重各子系统间的协调及与环境的互动关系。在现代公司制和系统管理理论的理念下，前期的内部控制制度已经不能满足需要。1988 年美国注册会计师协会发布《审计准则公告第 55 号》，在该公告中，首次以"内部控制结构"一词取代原有的"内部控制"一词，并指出："企业的内部控制结构包括为提供取得企业特定目标的合理保证而建立的各种政策和程序。"该公告认为内部控制结构由"控制环境、会计系统（会计制度）、控制程序"三个要素组成，将内部控制看作是由这三个要素组成的有机整体，提高了对内部控制环境的重视程度。

控制环境，反映董事会、管理者、业主和其他人员对控制的态度和行为。具体包括：管理哲学和经营作风、组织结构、董事会及审计委员会的职能、人事政策和程序、确定职权和责任的方法、管理者监控和检查工作时所用的控制方法，包括经营计划、预算、预测、利润计划、责任会计和内部审计等。

会计系统，规定各项经济业务的确认、归集、分类、分析、登记和编报方法。一个有效的会计制度包括以下内容：鉴定和登记一切合法的经济业务；对各项经济业务适当进行分类，作为编制报表的依据；计量经济业务的价值以使其货币价值能在财务报表中记录；确定经济业务发生的事件，以确保它记录在适当的会计期间；在财务报表中恰当地表述经济业务及有关的揭示内容。

控制程序，指管理当局以保证达到一定的目的制定的政策和程序。它包括：经济业务和活动批准权；明确各员工的职责分工；充分的凭证、账单设置和记录；资产和记录的接触控制；业务的独立审核；等等。

内部结构控制以系统管理理论为主要控制思想，重视环境因素并视其为内部控制的重要组成部分，将控制环境、会计制度、控制程序三个要素纳入内部控制范畴；不再区分会计控制与管理控制，而统一以要素表述内部控制，认为两者是不可分割、相互联系的。

四、内部控制整体框架阶段——成熟期

进入 20 世纪 90 年代后，对内部控制的研究进入一个新的阶段。随着企业公司治理机构的完善、电子化信息技术的发展，为了适应新的经济和组织形式，运用新的管理思想，内部控制结构发展为"内部控制控制整体框架"。1992 年，美国著名的内部控制研究机构发起组织委员会（COSO）发布了具有里程碑意义的专题报告——《内部控制——整体框架》，也称为 COSO 报告，制订了内部控制制度的统一框架。该报告于 1994 年进行了增补，得到了国际社会和各种职业团体的广泛承认，具有广泛的适用性。COSO 报告是内部控制理论研究的历史性突破，它首次提出内部控制体系概念将内部控制由原来的平面结构发展为立体框架模式，代表着当时国际上内部控制研究方面的最高水平。

COSO 报告将内部控制定义为："由企业的管理人员设计的，为实现营业的效果和效率、财务报告的可靠及合法合规目标提供合理保证，通过董事会、管理人员和其他职员实施的一种过程。"通过定义可以看出，COSO 报告认为内部控制是一个过程，会受到企业不同人员的影响；同时，内部控制也是一个为实现该组织经营目标提供合理保障所设计并实施的程序。COSO 报告提出了内部控制的三大目标和五大要素。三大目标是经营目标、信息目标和合规目标。其中，经营目标是指内部控制要确保企业经营的效率和有效性，信息目标是指内部控制要保证企业财务报告的可靠性，合规目标是指内部控制要遵守相应的法律、法规和企业的规章制度。

COSO 报告认为，内部控制由五个相互联系的要素组成并构成了一个系统，这五个组成要素是控制环境、风险评估、控制活动、信息与沟通、监控。

控制环境：它是指职员履行其控制责任、开展业务活动所处的氛围。包括员工的诚实性和道德观、员工的胜任能力、董事会或审计委员会、管理哲学和经营方式、组织结构、授予权利和责任的方式、人力资源政策和实施。

风险评估：它是指管理层识别并采取相应行动来管理对经营、财务报告、符合性目标有影响的内部或外部风险，包括风险识别和风险分析。风险识别包括对外部因素（如技术开发、竞争、经济变化）和内部因素（如员工素质、公司活动性质、信息系统处理的特点）进行检查。风险分析涉及估计风险的重大程度、评估风险发生的可能性、考虑如何管理风险等。

控制活动：它是指企业制定并予以执行的政策和程序，对所确认的风险采取必要措施，以保证单位目标得以实现。实践中，控制活动形式多样，通常有以下几类：业绩评价、信息处理、实物控制、职责分离。

信息与沟通：它是指为了使职员能执行其职责，为员工提供在执行、管理和控制作业过程中所需的信息以及信息的交换和传递，企业必须识别、捕捉、交流外部和内部的信息。外部信息包括市场份额、法规要求和客户投诉等信息。内部信息包括会计制度，即由管理当局建立的记录和报告经济业务和事项，维护资产、负债和业主权益的方法和记录。沟通是使员工了解其职责，保持对财务报告的控制。沟通的方式有政策手册、财务报告手册、备查簿，以及口头交流或管理示例等。

监控：它是指评估内部控制运作质量的过程，即对内部控制改革、运行及改进活动评价。包括内部审计和外部审计、外部交流等。

内部控制系统的五大要素内容广泛，相互关联，相互影响。控制环境是其他控制要素实施的基础；控制活动必须建立在对企业可能面临的风险有细致的了解和评估的基础之上；而风险评估和控制活动必须借助企业内部信息的有效沟通；有效的监控是保障内部控制实施质量的手段。三大目标与五大要素为内部控制系统理论的形成和发展奠定了基础，其指导思想充分体现了现代企业的管理思想，即安全是系统管理的结果。COSO 报告强调内部控制是由五大要素组成的整合框架和体系，为内部控制体系框架的建立、运行和维护奠定了基础。

综上所述，由于社会、经济、管理环境的变化，内部控制的职能也随着变化，从而引导内部控制理论的演化。从内部控制理论的发展历史可以看出，内部控制的变革往往源于组织管理的要求，从农业经济到工业经济、管理手段及工具的创新为内部控制带来发展的动力。从以内部牵制为中心、通过组织内部各子系统相互控制关系实现的内部控制，到以 COSO 为代表的、以预防和防止管理漏洞为目标、通过组织控制与信息系统，实现系统整体优化的现代意义上的内部控制理论，从时间上讲分别对应两次经济革命。因此，在研究分析国外内部控制理论发展与演进轨迹时，需要结合当时的社会经济环境和企业组织管理要求，这样才能更加深刻地理解内部控制理论发展的本质。

第二节　内部控制的目标与原则

一、内部控制的目标

内部控制的目标即企业希望通过内部控制的设计和实施来取得成效，主要表现为业绩的提高、财务报告信息质量的提高、违规行为发生率的降低等。确立控制目标并逐层分解目标是控制的开始，内部控制的所有方法、程序和措施都围绕着目标展开；如果没有了目标，内部控制就会失去方向。

《企业内部控制基本规范》中规定，内部控制的目标是合理保证企业经营管理合法合规、资产安全、财务报告及相关信息真实完整，提高经营效率和效果，促进企业实现发展战略，这是一个完整的内部控制目标体系不可或缺的组成部分。然而，由于所处的控制层级不同，各个目标在整个目标体系中的地位和作用也存在着差异。

（一）合规目标

合规目标是指内部控制要合理保证企业在国家法律和法规允许的范围内开展经营活动，严禁违法经营。企业的终极目标是生存、发展和获利，但是如果企业盲目追求利润，无视国家法律法规，必将为其违法行为付出巨大的代价。一旦被罚以重金或者被吊销营业执照，那么其失去的就不仅是利润，而是持续经营的基础。因此，合法合规是企业生存和发展的客观前提，是内部控制的基础性目标，是实现其他内部控制目标的保证。

内部控制作为存在于企业内部的一种制度安排，可以将法律法规的内在要求嵌入内部控制活动和业务流程之中，从最基础的业务活动上将违法违规的风险降低到最小限度，从而合理保证企业经营管理活动的合法性与合规性。

（二）资产安全目标

资产安全目标主要是为防止资产损失。保护资产的安全与完整，是企业开展经营活动的基本要求。资产安全目标有两个层次：一是确保资产在使用价值上的完整性，主要是指防止货币资金和实物资产被挪用、转移、侵占、盗窃，防止无形资产被侵权、侵占等。二是确保资产在价值量上的完整性，主要是防止资产被低价出售、损害企业利益同时要充分提高资产使用率，提升资产管理水平，防止资产价值出现减损。为了保障内部控制、实现资产安全目标，必须建立资产的记录、保管和盘点制度，确保记录、保管与盘点岗位的相互分离，并明确职责和权限范围。

内部控制的基本思想在于制衡，因为有了制衡，两个人同时犯同一错误的概率大大减少，从而加大了不法分子实施犯罪计划和贪污舞弊行为的难度，进而保护企业的资产不被非法侵蚀或占用，保障企业正常经营活动的顺利开展，为实现合理保证资产安全的控制目标，企业需要广泛运用职责分离、分权牵制等体现制衡要求的控制措施。

（三）报告目标

报告目标是指内部控制要合理保证企业提供真实可靠的财务信息及其他信息。内部控制的重要控制活动之一是对于财务报告的控制。财务报告及相关信息反映了企业的经营业绩，以及企业的价值增值过程，揭示了企业的过去和现状，并可预测企业的未来发展方向，是投资者进行投资决策、债权人进行信贷决策、管理者进行管理决策和相关经济主管部门制定政策和履行监管职责的重要依据。此外，财务报表及其相关信息的真实披露还可以将企业诚信、负责的形象公之于众，有利于企业市场地位的稳固与提升以及企业未来价值的增长。从这个角度来看，报告目标的实现程度又会在一定程度上影响经营目标的实现程度。

要确保财务报告及相关信息的真实完整，一方面应按照企业会计准则的相关要求如实地核算经济业务、编制财务报告，满足会计信息的一般质量要求；另一方面则应该通过内部控制制度的设计，包括不相容职务分离、授权审批控制、日常信息核对等，防止提供虚假会计信息。

（四）经营目标

提高经营的效率和效果（即有效性）是内部控制要达到的最直接也是最根本的目标，企业存在的根本目的在于获利，而企业能否获利往往直接取决于经营的效率和效果如何。企业所有的管理理念、制度和方法都应该围绕着提高经营的效率和效果来设计、运行并适时调整，内部控制制度也不例外。内部控制的核心思想是相互制衡，而实现手段则是一系列详尽而复杂的流程，这似乎与提高效率的目标相悖，实则不然。内部控制是科学化的管理方法和业务流程，其本质是对于风险的管理和控制，它可以将对风险的防范落实到每个细节和环节，真正地做到防微杜渐，使企业可以在低风险的环境中稳健经营。而忽视内部控制的经营管理，貌似效率很高，实则处于高风险的经营环境，一旦不利事项发生，轻则对企业产生重创，重则导致企业衰亡。

良好的内部控制可以从以下四个方面来提高企业的经营效率和效果：第一是组织精简，权责划分明确，各部门之间、工作环节之间要密切配合，协调一致，充分发挥资源潜力，充分有效地使用资源，提高经营绩效；第二是优化与整合内部控制业务流程，避免出现控制点的交叉和冗余，也要防止出现内控盲点，要设计最优的内控流程并严格执行，最大限度地提高执行效率；第三是建立良好的信息和沟通体系，可以使会计信息以及其他方面的重要经济管理信息快速地在企业内部各个管理层次和业务系统之间有效地流动，提高管理层的经济决策和反应的效率；第四是建立有效的内部考核机制，对绩效的优劣进行科学的考核，可以实行企业对部门考核、部门对员工考核的多级考核机制，并将考核结果落实到奖惩机制中，对部门和员工起到激励作用，提高工作的效率和效果。

（五）战略目标

促进企业实现发展战略是内部控制的最高目标，也是终极目标。战略与企业目标相关联，是管理者为实现企业价值最大化的根本目标而针对环境做出的一种反应和选择。如果说提高经营的效率和效果是从短期利益的角度定位的内部控制目标，那么促进企业实现发展战略则是从长远利益出发的内部控制目标。战略目标是总括性的长远目标，而经营目标则是战略目标的短期化与具体化，内部控制要促进企业实现发展战略，必须立足于经营目标，着力于经营效率和效果的提高。只有这样，才能够提高企业核心竞争力，促进发展战略的实现。

要实现这一目标，首先，应由公司董事会或总经理办公会议制定总体战略目标，并通过股东代表大会表决通过，战略目标的制定要充分考虑外部环境和内部条件的变化，根据相应的变化进行适时的调整，确保战略目标在风险容忍度之内。其次，应该将战略目标按阶段和内容划分为具体的经营目标，确保各项经营活动围绕战略目标开展。再次，应依据既定的目标分配资源，使组织、人员、流程与基础结构相协调，以便促进战略成功实施。最后，应将目标作为主体从事活动的可计量的基准，围绕目标的实现程度和实现水平实行绩效考核。

二、内部控制的原则

（一）全面性原则

全面性原则即内部控制应当贯穿决策、执行和监督全过程，覆盖企业及其组成部分的各种业务和事项。内部控制的建立在层次上应该涵盖企业董事会、管理层和全体员工，在对象上应该覆盖各项业务和管理活动，在流程上应该渗透到决策、执行、监督、反馈等各个环节，避免内部控制出现空白和漏洞。总之，内部控制应该实现全程控制、全员控制和全面控制。

（二）重要性原则

内部控制的重要性原则是指内部控制应当在兼顾全面的基础上突出重点，针对重要业务和事项、高风险领域和环节采取更为严格的控制措施，确保不存在重大缺陷。基于企业资源有限的客观事实，企业在设计内部控制制度时不应平均使用资源，而应该寻找关键控制点，并对关键控制点投入更多的人力、物力和财力，即"突出重点，兼顾一般"，着力防范重大风险。

"三重一大"制度正是重要性原则的充分体现。所谓"三重一大"，是指"重大决策、重大事项，重要人事任免及大额资金使用"。

所谓重大决策事项，主要包括企业贯彻执行党和国家的路线方针政策、法律法规和上级重要决定的重大措施，企业发展战略、破产、改制、兼并重组、资产调整、产权转让、对外投资、利益调配、机构调整等方面的重大决策，企业党的建设和安全稳定的重大决策，以及其他重大决策事项。

所谓重大项目安排事项，是指对于企业资产规模、资本结构、盈利能力以及生产装备、技术状况等产生重要影响的项目的设立和安排，其主要包括年度投资计划，融资、担保项目，期权、期货等金融衍生业务，重要设备和技术引进，采购大宗物资和购买服务，重大工程建设项目，以及其他重大项目安排事项。

所谓重要人事任免事项，是指企业直接管理的领导人员以及其他经营管理人员的职务调整事项，其主要包括企业中层以上经营管理人员和下属企业、单位领导班子成员的任免、聘用、解除聘用和后备人选的确定，向控股和参股企业委派股东代表，推荐董事会、监事会成员和经理、财务负责人，以及其他重要人事任免事项。

所谓大额度资金运作事项，是指超过由企业或者履行国有资产出资人职责的机构规定的企业领导人员有权调动、使用的资金限额的资金调动和使用，其主要包括年度预算内大额度资金调动和使用，超预算的资金调动和使用，对外大额捐赠、赞助，以及其他大额度资金运作事项。

"三重一大"事项应坚持集体决策原则。任何个人不得单独进行决策或者擅自改变集体决策意见。企业应当健全议事规则，明确"三重一大"事项的决策规则和程序，完善群众参与、专家咨询和集体决策相结合的决策机制。企业要坚持务实高效，保证决策的科学性；充分发扬民主，广泛听取意见，保证决策的民主性；遵守国家法律法规和有关政策，保证决策的合法性。

（三）制衡性原则

内部控制的制衡性原则要求内部控制应当在治理结构、机构设置及权责分配、业务流程等方面相互制约、相互监督。相互制衡是建立和实施内部控制的核心理念，更多地体现为不相容机构、岗位或人员的相互分离和制约。无论是在企业决策、执行环节还是在监督环节，如果不能做到不相容职务的相互分离与制约，那么就会造成滥用职权或串通舞弊，导致内部控制失效，给企业经营发展带来重大隐患。

（四）适应性原则

适应性原则的思想来源于"权变"理论，所谓权变，就是指权宜应变。权变理论认为，企业要依据环境和内外条件随机应变，灵活地采取相应的、适当的管理方法，不存在一成不变的、普遍适用的"最好的"管理理论和方法，也不存在普遍不适用的"不好的"管理理论和方法。根据权变理论，建立内部控制制度不可能一劳永逸，而应当与企业的经营规模、业务范围、竞争状况和风险水平等相适应，并随着情况的变化及时调整。在当今日益激烈的市场竞争环境中，经营风险更具复杂性和多变性。企业应当根据内外部环境变化，适时对内部控制加以调整和完善，防止出现"道高一尺，魔高一丈"的现象。

（五）成本效益原则

内部控制的成本主要有三方面的内容：①内部控制的设计成本，包括自行设计和外包设计成本；②内部控制的实施成本，包括评价和监督人员的工资，实施内部控制影响了运营效率带来的机会成本，以及将内部控制制度嵌入信息系统后的信息系统的运行和维护成本；③内部控制的鉴证成本，一般是聘请注册会计师来实施内部控制审计的鉴证费用。

成本效益原则要求实施内部控制应当权衡成本与预期效益，以适当的成本实现有效控制。成本效益原则有两个要义：一是努力降低内部控制的成本，即在保证内部控制制度有效性的前提下，尽量精简机构和人员，改进控制方法和手段，减少过于烦琐的程序和手续，避免重复劳动，提高工作效率，节约成本；二是合理确定内部控制带来的经济效益，实施内部控制的效益并非不可计量，只是这种效益往往具有滞后性，当期效益并不明显。为了做大做强，企业一定要杜绝"短视行为"，立足长远，充分考虑内部控制带来的未来收益，并与其成本进行对比，运用科学、合理的方法，有目的、有重点地选择控制点，实现有效控制。

第三节 内部控制的要素及局限性

一、内部控制的要素

（一）内部环境

内部环境是影响、制约内部控制建立与执行的各种因素的总称，是实施内部控制的基础，一般包括组织架构、内部审计机制、人力资源政策、企业文化等。

1.组织架构

根据《企业内部控制应用指引第 1 号——组织架构》的定义，组织架构是指企业按照国家有关法律法规、股东大会决定、企业议程，结合本企业实际情况，明确董事会、监事会、经理层和企业内部各层级机构设置、职责权限、人员编制、工作程序和相关要求的制度安排。科学合理的组织架构能够为企业内部控制的有效实施创造良好条件。反之，一旦企业的组织架构存在不合理的情形甚至缺陷，有可能会影响一系列生产、经营、管理活动。

一般来说，企业的组织架构分为治理结构和内部机构两个层面。

（1）治理结构。治理结构指的是治理层面的组织架构，是企业与外部主体发生各项经济关系的法人所必备的组织基础，又称法人治理结构，治理结构根据权力机构、决策机构、执行机构和监督机构相互独立、权责明确、相互制衡的原则实现对企业的治理。治理结构是由股东大会、董事会、监事会和管理层组成的，决定企业内部决策过程和利益相关者参与企业治理的办法，其主要作用在于协调企业内部不同产权主体之间的经济利益矛盾，减少代理成本。

企业应当依据国家相关法律法规的规定，结合企业章程和实际情况，建立规范的法人治理结构，促进企业内部控制的有效运行。根据规定，公司股东大会享有法律法规和企业章程规定的合法权利，依法行使企业经营方针、筹资、投资、利润分配等重大事项的表决权；董事会对股东大会负责，依法行使企业的经营决策权；监事会对股东大会负责，监督企业董事、经理和其他高级管理人员依法履行职责；经理层负责组织实施股东大会、董事会决议事项，主持企业的生产经营管理工作。在《企业内部控制基本规范》中也明确了董事会、监事会和经理层在内部控制中的职责，规定董事会是决策机构，负责内部控制的建立健全和有效实施，监事会是监督机构，负责对董事会建立与实施内部控制进行监督；经理层是日常管理机构，负责组织和领导企业内部控制的日常运行。

（2）内部机构。公司制企业中股东大会、董事会、监事会和经理层这四个法定刚性机构为内部控制机构的建立、职责分工与制约提供了基本的组织框架，但并不能满足内部控制对企业组织结构的要求，内部控制机制的运作还必须在这一组织框架下设立满足企业生产经营所需要的职能机构。

按照《企业内部控制基本规范》的规定，企业应当结合业务特点和内部控制要求设置内部机构，明确职责权限，将权利与责任落实到各责任单位。设置科学合理的内部机构，能够适应企业经营管理的实际需要和外部环境的变化，有利于减少管理层级和提高管理效能，避免机构重叠和效率低下，促进内部控制的有效实施。同时，企业应当通过编制内部管理手册，使全体员工掌握内部机构设置、岗位职责、业务流程等情况，明确权责分配，正确行使职权。企业应当根据经营目标、职能划分和管理要求，通过内部管理制度汇编、员工手册、组织结构图、业务流程图、岗位描述、权限指引等适当方式，明确高级管理人员、各职能部门和分支机构以及基层作业单位的职责权限，将权利与责任分解到具体岗位，形成科学有效的职责分工和制衡机制。

2. 内部审计机制

健全内部审计机构、加强内部审计监督是营造守法、公平、公正的内部环境的重要保证。企业应当加强内部审计工作，在企业内部形成有权必有责、用权受监督的良好氛围。

（1）审计委员会。企业应当在董事会下设立审计委员会。审计委员会成员应具备良好的职业操守，专业审计委员会及其成员应当具有相应的独立性。审计委员会应当直接对董事会负责。上市公司的审计委员会主席一般应由独立董事担任，非上市公司的审计委员会主席应由独立于企业管理层的人员担任。

企业应当赋予审计委员会监督企业内部控制建立和实施情况的相应职权。审计委员会在企业内部控制建立和实施中承担的职责一般包括以下内容：

第一，审核企业内部控制及其实施情况，并向董事会做出报告。

第二，指导企业内部审计机构的工作，监督检查企业的内部审计制度及其实施情况。

第三，处理有关投诉与举报，督促企业建立畅通的投诉与举报途径。

第四，审核企业的财务报告及有关信息披露内容。

第五，负责内部审计与外部审计之间的沟通协调。

（2）内部审计机构。按照《第 2302 号内部审计具体准则——与董事会或者最高管理层的关系》规定，内部审计机构应接受董事会或最高管理层的领导，保持与董事会或最高管理层的良好关系，协助董事会或最高管理层履行职责，实现董事会、最高管理层与内部审计机构在组织治理中的协同作用。

内部审计机构依照法律规定和企业授权开展审计监督，其工作范围不应受到人为限制。内部审计机构对审计过程中发现的重大问题，视具体情况，可以直接向审计委员会或者董事会报告。内部审计人员应当具备内审人员从业资格，拥有与工作职责相匹配的道德操守和专业胜任能力。

企业应当加强内部审计工作，保证内部审计机构设置、人员配备和工作的独立性。内部审计机构应当结合内部审计监督，对内部控制的有效性进行监督检查。内部审计机构对监督检查中发现的内部控制缺陷，应当按照企业内部审计工作程序进行报告；对监督检查中发现的内部控制重大缺陷，有权直接向董事会及审计委员会、监事会报告。

3.人力资源政策

根据《企业内部控制应用指引第 3 号——人力资源》的定义，人力资源是指企业组织生产经营活动而录（任）用的各种人员，包括董事、监事、高级管理人员和全体员工，其本质是企业组织中各种人员所具有的脑力和体力的总和。

人力资源政策是影响企业内部环境的关键因素。企业的人力资源政策应当科学、规范、公平、公开、公正，有利于调动员工在内部控制和经营管理活动中的积极性、主动性和创造性。

（1）人力资源的引进和开发。企业应当根据人力资源总体规划，结合生产经营实际需要，制订年度人力资源需求计划，完善人力资源引进制度，规范工作流程，按照计划、制度和程序组织人力资源引进工作。同时，根据人力资源能力框架要求，明确各岗位的职责权限、任职条件和工作要求，遵循德才兼备、以德为先和公开、公平、公正的原则，通过公开招聘、竞争上岗等多种方式选聘优秀人才，重点关注选聘对象的价值取向和责任意识，避免因人设事或设岗，确保选聘人员能够胜任岗位职责要求。

企业应当重视并加强员工培训，制订科学、合理的培训计划，提高培训的针对性和实效性，不断提升员工的道德素养和业务素质。建立员工培训长效机制，营造尊重知识、尊重人才和关心员工职业发展的文化氛围，加强后备人才队伍建设，促进全体员工的知识、技能持续更新，不断提升员工的服务效能。

（2）人力资源的使用和退出。企业应当建立和完善人力资源的激励约束机制，设置科学的业绩考核指标体系，对各级管理人员和全体员工进行严格考核与评价，以此作为确定员工薪酬、职级调整和解除劳动合同等的重要依据，确保员工队伍处于持续优化状态；制定与业绩考核挂钩的薪酬制度，切实做到薪酬安排与员工贡献相协调，着重体现效率优先，兼顾公平；制定各级管理人员和关键岗位员工定期轮岗制度，明确轮岗范围、轮岗周期、轮岗方式等，形成相关岗位员工的有序持续流动，全面提升员工素质。

企业应当按照有关法律法规规定，结合企业实际，建立健全员工退出（辞职、解除劳动合同、退休等）机制，明确退出的条件和程序，确保员工退出机制得到有效实施。企业关键岗位人员离职前，应当根据有关法律法规的规定进行工作交接或离任审计。

企业应当重视人力资源建设，根据发展战略，结合人力资源现状和未来需求预测，建立人力资源发展目标，制订人力资源总体规划和能力框架体系，优化人力资源整体布局，明确人力资源的引进、开发、使用、培养、考核、激励、退出等管理要求，实现人力资源的合理配置，全面提升企业核心竞争力。

4. 企业文化

按照《企业内部控制应用指引第 5 号——企业文化》的定义，企业文化是指企业在生产经营实践中逐步形成的价值观、经营理念和企业精神，以及在此基础上形成的行为规范的总称。企业文化主要包括企业的整体价值观、高级管理人员的管理理念、职业操守与行为准则等。

（1）企业的整体价值观。高级管理人员有责任在企业范围内培育健康向上的整体价值观，培养员工的社会责任感和遵纪守法意识，倡导爱岗敬业、进取创新、团队协作和遵规守纪精神。

（2）高级管理人员的管理理念。高级管理人员应当树立有利于实现企业内部控制目标的管理理念和经营风格，强化风险意识，避免个人风险偏好可能给企业带来的不利影响和损失。

（3）职业操守与行为准则。企业应当根据高级管理人员、中层管理人员和一般员工的职责权限，结合不同层级人员对实现企业内部控制目标的影响程度和不同要求，分别制定适合不同层级人员的职业操守准则或者行为守则，并明确相应的监督约束机制。

高级管理人员应当恪守以诚实守信为核心的职业操守，有责任制定并完善信息披露管理制度，明确重大信息披露事项的判定标准和报告程序，确定信息披露事项的收集、汇总和披露程序，不断强化为投资者、债权人和社会公众提供真实、可靠、完整的会计信息和依法应当披露的其他信息的法治意识和责任意识，不得损害投资者、债权人、客户、员工和社会公众的利益。

企业员工应当遵守员工行为守则，加强职业道德修养和业务学习，自觉遵守与企业内部控制有关的各项规定，勤勉尽责。

企业高级管理人员有责任加强对员工职业道德宣传引导、教育培训和监督检查，为建立和实施内部控制营造良好的氛围和环境。

总之，企业应当采取切实有效的措施，积极培育具有自身特色的企业文化，引导和规范员工行为，打造以主业为核心的企业品牌，形成整体团队的向心力，促进企业长远发展。

（二）风险评估

企业在日常经营活动中会遇到各种不确定性事件，这些事件发生的概率及其影响程度都是不确定的，也直接或间接地影响企业目标实现的程度。简单来说，风险就是未来的不确定性对企业实现其既定目标的影响。风险客观存在于企业的各种经营活动中，换句话说，企业的任何商业活动都是存在风险的。但与此同时，在市场竞争中，企业也会在风险中收获利益。企业追求的利润率越高，冒的风险就越大，两者在一定程度上是成正比的。风险意味着我们可能从中获利，也可能血本无归。因此企业要想取得预期的回报，就必须对风险进行有效的评估、控制。

（三）控制活动

根据《企业内部控制基本规范》中的定义，控制活动是指企业应当结合风险评估结果，通过手工控制与自动控制、预防性控制与发现性控制相结合的方法，运用相应的控制措施，将风险控制在可承受度之内。

控制活动是企业内部控制最重要、最主要的组成部分，在内部控制中处于核心地位。企业应当根据内部控制目标，结合风险应对策略，综合应用控制措施，对各种业务和事项实施有效控制。

控制措施一般包括：不相容职务分离控制、授权审批控制、会计系统控制、财产保护控制、预算控制、运营分析控制和绩效考评控制等。

1.不相容职务分离控制

不相容职务分离控制要求企业全面系统地分析、梳理业务流程中所涉及的不相容职务，实施相应的分离措施，明确各部门、各岗位的职责权限，形成各司其职、各负其责、相互制约的工作机制。所谓的不相容职务是指需要两人或两人以上的，以达到相互制约、相互监督的目的的职务。不相容职务通常包括：授权、批准、业务经办、会计记录、财产保管、稽核检查等。企业应当根据各项经济业务与事项的流程和特点，系统、完整地分析、梳理执行该经济业务与事项涉及的不相容职务，并结合岗位职责分工采取分离措施。有条件的企业，可以借助计算机信息技术系统，通过权限设定等方式自动实现不相容职务的相互分离。

2. 授权审批控制

授权审批控制是指在职务分工控制的基础上，由企业权力机构或上级管理者明确规定有关业务经办人员的职责范围和业务处理权限与责任，使所有的业务经办人员在办理每项经济业务时都能事先得到适当的授权，并在授权范围内办理有关经济业务，承担相应的经济责任和法律责任。授权批准的形式通常有常规授权和特别授权两类。常规授权是指企业在日常经营管理活动中按照既定的职责和程序进行的授权。特别授权是指企业在特殊情况、特定条件下进行的授权，通常是临时性的、应急性的授权。企业应当编制常规授权的权限指引，规范特别授权的范围、权限、程序和责任，严格控制特别授权。

3. 会计系统控制

会计系统控制要求企业依据会计法、国家统一规定的会计制度，制定适合本企业的会计制度，明确会计凭证、会计账簿和财务报告以及相关信息披露的处理程序，规范会计政策的选用标准和审批程序，建立、完善会计档案保管和会计工作交接办法，实行会计人员岗位责任制，充分发挥会计的监督职能，确保企业财务报告真实、可靠和完整。

4. 财产保护控制

财产保护控制要求企业建立财产日常管理制度和定期清查制度，采取财产记录、实物保管、定期盘点、账实核对等措施，确保财产安全。企业应当加强各项资产管理，全面梳理资产管理流程，及时发现资产管理中的薄弱环节，切实采取有效措施加以改进，并关注资产减值迹象，合理确认资产减值损失，不断提高企业资产管理水平。

5.预算控制

预算控制要求企业实施全面预算管理制度，明确各责任单位在预算管理中的职责权限，规范预算的编制、审定、下达和执行程序，强化预算约束。企业应当加强全面预算工作的组织领导，明确预算管理体制以及各预算执行单位的职责权限、授权批准程序和工作协调机制。企业实行预算控制时，应当关注企业是否存在下列风险：不编制预算或预算不健全，可能导致企业经营缺乏约束或盲目经营；预算目标不合理、编制不科学，可能导致企业资源浪费或发展战略难以实现；预算缺乏刚性、执行不力、考核不严，可能导致预算管理流于形式。

6.运营分析控制

运营分析是指以真实可靠的会计信息和其他资料为依据，采用科学的分析方法对一段时期内的经营管理活动情况进行系统的分析研究，旨在全面地了解经营情况，发现和解决经营过程中的问题，并按照客观规律指导和控制企业的经营活动。运营分析控制要求企业建立运营情况分析制度，经理层应当综合运用生产、购销、投资、筹资、财务等方面的信息，通过因素分析、对比分析、趋势分析等方法，定期开展运营情况分析，发现存在的问题，及时查明原因并加以改进。

7.绩效考评控制

绩效考评包括绩效考核和绩效评价，企业应当了解各项经营活动和相关职能部门当期业绩的实际情况，通过将其与预算、计划目标等进行对比，完成对其经营业绩的考核和评价工作。绩效考评控制要求企业建立和实施绩效考评制度，科学设置考核指标体系，对企业内部各责任单位和全体员工的业绩进行定期考核和客观评价，将考评结果作为确定员工薪酬以及职务晋升、评优、降级、调岗、辞退等的依据。

（四）信息与沟通

1.信息与沟通的类型

（1）信息的类型。信息对组织推进内控、促进其目标实现是非常必要的。企业应当准确识别、全面收集来源于企业外部及内部的与企业经营管理相关的财务及非财务信息，并且使用相关的、有质量的信息为内部控制的有效运行提供信息支持。按照来源的不同，信息可以分为内部信息和外部信息。

内部信息主要包括会计信息、生产经营信息、资本运作信息、人员变动信息、技术创新信息、综合管理信息等。企业可以通过会计资料、经营管理资料、调查研究报告、会议记录纪要、专项信息反馈、内部报刊网络等渠道和方式获取所需的内部信息。

外部信息主要包括政策法规信息、经济形势信息、监管要求信息、市场竞争信息、行业动态信息、客户信用信息、社会文化信息、科技进步信息等。企业可以通过监管部门、社会中介机构、行业协会组织、业务往来单位、市场调查研究、外部来信来访、新闻传播媒体等渠道和方式获取所需的外部信息。

（2）沟通的类型。沟通是一个持续和不断重复地提供、分享和获得必要的信息的过程。在一个组织中，沟通是指组织内部以及组织和外部进行信息交换的过程。按照沟通对象的不同，沟通可以分为内部沟通和外部沟通。

内部沟通是一个手段，目的是保证信息可以在整个组织向上、向下、横向扩散，使信息在管理层、各个部门和企业员工之间及时畅通流动。企业应当采取互联网、电子邮件、电话传真、信息快报、例行会议、专题报告、调查研究、员工手册、教育培训、内部刊物等多种方式，实现所需的内部信息、外部信息在企业内部准确、及时地传递和共享，确保董事会、管理层和企业员工之间有效沟通。

外部沟通包括两个部分：将外部的相关信息传入组织内部，以及根据其要求和期望，提供信息给外部的相关方。企业有责任建立良好的外部沟通渠道，对外部有关方面的建议、投诉和收到的其他信息进行记录，并及时予以处理、反馈。外部沟通应当重点关注以下方面：

一是与投资者和债权人的沟通。企业应当根据《中华人民共和国公司法》（以下简称《公司法》）、《中华人民共和国证券法》（以下简称《证券法》）等法律法规和企业章程的规定，通过股东大会、投资者会议、定向信息报告等方式，及时向投资者报告企业的战略规划、经营方针、投融资计划、年度预算、经营成果、财务状况、利润分配方案以及重大担保、合并分立、资产重组等方面的信息，听取投资者的意见和要求，妥善处理企业与投资者之间的关系。

二是与客户的沟通。企业可以通过客户座谈会、走访客户等多种形式，定期听取客户对消费偏好、销售政策、产品质量、售后服务、货款结算等方面的意见和建议，收集客户需求和客户的意见，妥善解决可能存在的控制不当问题。

三是与供应商的沟通。企业可以通过供需见面会、订货会、业务洽谈会等多种形式与供应商就供货渠道、产品质量、技术性能、交易价格、信用政策、结算方式等问题进行沟通，及时发现可能存在的控制不当问题。

四是与监管机构的沟通。企业应当及时向监管机构了解监管政策和监管要求及其变化，并相应完善自身的管理制度；同时，认真了解自身存在的问题，积极反映诉求和建议，努力加强与监管机构的协调。

五是与外部审计师的沟通。企业应当定期与外部审计师进行会晤，听取外部审计师有关财务报表审计、内部控制等方面的建议，以保证内部控制的有效运行以及双方工作的协调。

六是与律师的沟通。企业可以根据法律要求和实际需要，聘请律师参与有关重大业务、项目和法律纠纷的处理，并保持与律师的有效沟通。

2. 信息与沟通的主要内容

企业应当建立信息与沟通制度，明确内部控制相关信息的收集、处理和传递程序，确保信息及时沟通，促进内部控制有效运行。

（1）相关信息的收集与整理。企业应当对收集的各种内部信息和外部信息进行合理筛选、核对、整合，提高信息的有用性。

（2）信息的处理和传递。企业应当将内部控制相关信息在企业内部各管理级次、责任单位、业务环节之间，以及与外部投资者、债权人、客户、供应商、中介机构和监管部门等有关方面进行沟通和反馈，重要信息应当及时传递给董事会、监事会和经理层。对信息沟通过程中发现的问题，应当及时报告并加以解决。

在信息传递过程中，应充分发挥信息技术的作用。企业应当加强对信息系统开发与维护、访问与变更、数据输入与输出、文件储存与保管、网络安全等方面的控制，保证信息系统安全稳定运行。

（五）内部监督

内部监督是指单位对内部控制建立与实施情况进行监督检查，评价内部控制的有效性。对于发现的内部控制缺陷及时加以改进。它是实施内部控制的重要保证。

1. 内部监督的类型

内部监督分为日常监督和专项监督。日常监督是指企业对建立与实施内部控制的情况进行常规、持续的监督检查；专项监督是指在企业发展战略、组织结构、经营活动、业务流程、关键岗位员工等发生较大调整或变化的情况下，对内部控制的某一或者某些方面进行有针对性的监督检查。专项监督的范围和频率应当根据风险评估结果以及日常监督的有效性等予以确定。

企业内部监督机构主要包括企业董事会下属审计委员会、内部审计机构或者实际履行内部控制监督职责的其他有关机构。

内部监督机构应当根据国家法律法规要求和企业授权，采取适当的程序和方法，对内部控制的建立与实施情况进行监督检查，形成检查结论并出具书面检查报告。履行内部控制监督检查职责的机构，应当加强队伍职业道德建设和业务能力建设，不断提高监督检查工作的质量和效率，树立并增强监督检查的权威性。

2. 内部监督的一般程序

企业应当制定内部控制缺陷认定标准，应当分析监督过程中发现的内部控制缺陷的性质和产生的原因，提出整改方案，采取适当的形式及时向董事会、监事会或者经理层报告。

（1）内部控制缺陷标准的制定。内部控制缺陷，是指内部控制的设计存在漏洞，不能有效防范错误与舞弊，或者内部控制的运行存在弱点和偏差，不能及时发现并纠正错误与舞弊的情形。

　　按照影响企业内部控制目标实现的严重程度，内部控制缺陷分为重大缺陷、重要缺陷和一般缺陷。重大缺陷，是指一个或多个控制缺陷的组合，可能导致企业严重偏离控制目标。当存在任何一个或多个内部控制重大缺陷时，应当在内部控制评价报告中作出内部控制无效的结论。重要缺陷，是指一个或多个控制缺陷的组合，其严重程度低于重大缺陷，但仍有可能导致企业偏离控制目标。重要缺陷的严重程度低于重大缺陷，不会严重危及内部控制的整体有效性，但也应当引起董事会、经理层的充分关注。一般缺陷，是指除重大缺陷、重要缺陷以外的其他控制缺陷。将内部控制评价中发现的内部控制缺陷进行划分，需要借助一套可系统遵循的认定标准，在认定过程中还需要内部控制评价人员充分运用职业判断。一般而言，如果一个企业存在的内部控制缺陷达到了重大缺陷的程度，我们就不能说该企业的内部控制是整体有效的。

　　内部控制缺陷的重要性和影响程度是相对于内部控制目标而言的。企业在确定内部控制缺陷的认定标准时，可以结合自身情况和关注的重点，在充分考虑内部控制缺陷的重要性及其影响程度的基础上，自行确定内部控制重大缺陷、重要缺陷和一般缺陷的具体认定标准。

　　企业对内部控制缺陷的认定，应当以构成内部控制的内部监督要素中的日常监督和专项监督为基础，结合年度内部控制评价，由内部控制评价机构进行综合分析后提出认定意见，按照规定的权限和程序进行审核，由董事会予以最终确定。

　　（2）实施监督。企业应当针对潜在的内部控制缺陷，采取相应的预防性控制措施，尽量限制缺陷的产生，或者当缺陷发生时，尽可能降低风险和损失。同时，企业应当结合内部控制监督检查工作，定期对内部控制的健全性、合理性与有效性进行自我评估，形成书面评估报告。评估报告应当全面反映企业一定时期内建立与实施内部控制的总体情况。内部控制自我评估的方式、范围、程序和频率，由企业根据经营业务调整、经营环境变化、业务发展状况、实际风险水平等多种因素合理确定，但是至少应当每3年进行一次，法律、行政法规和有关监管规则另有规定的除外。

（3）记录并报告内部控制缺陷。企业应当以书面或者其他适当的形式，按照规定的程序和要求，妥善保存内部控制建立与实施过程中的相关记录或者资料，确保内部控制建立与实施过程的可验证性。内部控制缺陷报告应当采取书面形式，可以单独报告，也可以作为内部控制评价报告的一个重要组成部分。一般而言，内部控制的一般缺陷、重要缺陷应定期报告，重大缺陷应立即报告。对于重大缺陷和重要缺陷及整改方案，应向董事会、监事会或经理层报告并审定。如果出现不适合向经理层报告的情形，如存在与管理层舞弊相关的内部控制缺陷，或存在管理层凌驾于内部控制之上的情形，应当直接向董事会、监事会报告。对于一般缺陷，可以向企业经理层报告，并视情况考虑是否需要向董事会、监事会报告。

（4）内部缺陷的整改。企业对在监督检查过程中发现的内部控制缺陷，应当及时采取应对策略，切实将风险控制在可承受度之内，并追究有关部门或相关人员的责任，减少控制缺陷可能给企业带来的损害，维护内部控制的严肃性和权威性。同时，对于监督检查中发现的重大缺陷或者重大风险，应当采取适当的形式及时向董事长、审计委员会和经理汇报。通过内部监督，可以发现内部控制建立与实施中存在的问题和缺陷，进而采取相应的整改计划和措施，切实落实整改，促进内部控制系统的改进。

二、内部控制的局限性

内部控制在保证企业经营管理合法合规、资产安全、财务报告及相关信息真实完整，提高经营效率和效果，促进企业实现发展战略方面具有一定的作用，但仅能为以上目标的实现提供合理保证，而不是绝对保证，原因就在于内部控制本身具有一定的局限性。正是因为内部控制固有的局限性，所以设计再完美的内部控制，也不能完全保证企业不出任何问题。一般而言，内部控制的局限性可以概括为以下三个方面。

（一）越权操作

内部控制制度的重要实施手段之一是授权批准控制，授权批准控制使处于不同组织层级的人员和部门拥有大小不等的业务处理和决定权限。但是一旦发生了越权操作，内部控制分工制衡的基本思想将不能再发挥作用，内部控制制度也就形同虚设。

越权操作的危害极大，不仅打乱了正常的工作秩序和工作流程，而且会为徇私舞弊、违法违规创造一定的条件。如果越权操作行为发生在基层，往往会引发资产流失、挪用公款等案件；如果发生在高层，则往往形成"内部人控制"，筹资权、投资权、人事权等重大事项的决策权都掌握在公司的经营者手中，股东很难对其行为进行有效监督控制。由于权力过分集中，经理人发生逆向选择和道德风险的可能性就较高，这就导致了企业资产流失问题严重、会计信息严重失真、短视行为泛滥等问题，不利于企业的长远发展。

（二）合谋串通

内部控制制度源于内部牵制的理念：利用多个部分、环节、人员之间的相互制衡，来防止、发现和纠正可能发生的错误与舞弊。正是基于这样的思想，才有了不相容岗位分离、轮岗制度和强制休假制度等，而合谋串通则完全破坏了内部牵制的设想，削弱了制度的约束力，会导致内部控制制度无效。

合谋串通的动机通常是为侵吞公司财产，合谋串通的方式有两人串通和多人串通。多人串通的危害极大，往往会形成造假一条龙，不易识别，给公司、股东以及外界的利益相关者带来巨大损失。

（三）成本约束

根据成本效益原则，内部控制的设计和运行是要花费代价的，企业应当充分权衡实施内部控制带来的潜在收益与成本，运用科学、合理的方法，有目的、有重点地选择控制点，实现有效控制。也就是说，内部控制的实施受制于成本与效益的权衡。内部控制的根本目标在于服务于企业价值创造，如果设计和执行一项控制带来的收益不能弥补其所耗费的成本，就应该放弃该项控制，成本效益原则的存在使内部控制始终围绕着控制目标展开，但也制约了内部控制，使其难以达到尽善尽美，这也是内部控制固有局限性的来源之一。

第四节　内部控制的一般流程

一、前期准备

（一）工作组织

公司层面的内控诊断底稿，由项目经理填列；业务层面的内控诊断底稿，由项目组成员填列，项目经理应确定好业务流程和业务层面内控配套指引的对应关系。

（二）工作注意事项

第一，尽可能详细填列内控诊断底稿。

第二，底稿中的评价指标分成两类：一类是合规性评价指标；另一类是合理性评价指标。后者需要一定的经验判断。项目组成员可以不填列合理性指标，项目经理可以尽量补填。

第三，重在设计有效性评价，原则上不对执行有效性发表意见。

第四，内控评价结论按照公司层面和业务层面分别归集。

第五，内控评价结论最好能够有一定的归集整合，避免流水账逐条说明和平铺直叙。

第六，凡是涉及体系性的组织架构调整、集团管控模式重塑、部门职责调整的意见，原则上不提。如果企业有明确的意向，可以采用出具管理建议书方式解决，原则上需要另外签订委托协议。

二、现场调研

（一）流程梳理

现场调研第一个阶段就是流程梳理。只有在清晰地了解了企业业务的处理流程后，才可能分析出企业的业务流程和管理方法与内控体系存在什么差异，哪些不合理，哪些需要进行优化和调整，需要进行什么样的调整，为后期搭建内控体系做准备。

（二）内控诊断

内部控制缺陷是指公司内部控制的设计或运行无法合理保证内部控制目标的实现。内部控制缺陷按其成因分为设计缺陷和运行缺陷，按其影响程度分为重大缺陷、重要缺陷和一般缺陷。

1.按照内部控制缺陷的本质分类

（1）设计缺陷：设计缺陷是指企业缺少为实现控制目标的必须控制，或现存的控制并不合理及未能满足控制目标。这又分为系统的缺陷和手工的缺陷。

（2）运行缺陷：运行缺陷是指设计合理、有效的内部控制，在运作上没有被正确地执行，包括不恰当的人员执行，未按设计的方式运行，如频率不当等。例如，物资采购申请金额已超其采购权限，却未向上级公司申请安排大宗物品采购。这存在权限管理规定问题。

2.按照内部控制缺陷的严重程度分类

（1）重大缺陷：重大缺陷也称"实质性漏洞"，是指一个或多个控制缺陷的组合，可能严重影响内部整体控制的有效性，进而导致企业无法及时防范或发现严重偏离整体控制目标的情形。

（2）重要缺陷：重要缺陷是指一个或多个一般缺陷的组合，其严重程度低于重大缺陷，但导致企业无法及时防范或发现严重偏离整体控制目标的严重程度依然重大，需引起管理层关注。例如，有关缺陷造成的负面影响在部分区域流传，为公司声誉带来损害。

（3）一般缺陷：这是指除重要缺陷、重大缺陷外的其他缺陷。

三、风险评估

一般来说，风险评估是指在风险事件发生之前或之后（但还没有结束），对该事件给人们的生活、生命、财产等各个方面造成的影响和损失的可能性进行量化评估的工作，即风险评估就是量化测评某一事件或事物带来的影响或损失的可能程度。运用到企业中，风险评估则可以具体认为是企业及时识别、系统分析经营活动中与实现内部控制目标相关的风险，合理确定风险应对策略。当今社会经济环境变幻莫测，企业之间竞争也是异常激烈，企业经营风险不断提高，运用内部控制，目的就是帮助企业降低风险。首先就需要对风险有准确的认识和评估，这是前提条件。只有正确适当地评估风险，才能够有的放矢地防范风险。从内部环境到监督，每一个环节都少不了对风险的评估这一项。风险评估涉及确定风险度、识别风险（包括内部风险和外部风险）、风险分析和风险应对四个方面。

（一）风险分类

所有企业，无论其规模、结构和行业性质如何，都面临着诸多来自企业内外部大不相同的风险，影响企业既定目标的实现。风险的分类标准也不是绝对的，应根据企业的战略需要和所处环境等确定。

风险按其来源可分为外部风险和内部风险。企业的外部风险来自企业经营的外部环境，包括外部环境本身和外部环境的变化对企业目标的影响，如社会政治风险、供应链风险、市场风险、竞争对手风险、技术革新风险、法律法规风险、自然地理环境风险和灾害风险。企业的内部风险来源于企业的决策和经营活动。如公司治理风险、资产管理风险、公共关系管理风险、人力资源管理风险、信息安全风险和融资风险。

风险按其是否为企业带来盈利为标准，可以分为纯粹风险和机会风险。一般对企业风险进行初步定性分析时会采取此分类方法。纯粹风险是指不含盈利的可能性的风险，这种风险只会给企业带来损失，如灾害风险。机会风险是盈利与损失的可能性并存的风险，如战略风险、市场风险等，它们可能会给企业带来负面影响，也可能是正面影响，因此需要企业进行风险评估和风险控制。

风险按照管理的有效性分为固有风险和剩余风险。固有风险是指不实施任何风险管理手段本来就存在的风险，而剩余风险是指实施某一风险管理手段后仍然存在的风险。

目前国际上通用的分类方法是把风险分为战略风险、财务风险、运营风险和危害性风险。一般情况下，对企业风险进行发生原因分析及制定风险管理策略时，常采用此分类方法。战略风险是指不确定因素对整个企业的发展方向、企业文化、信息和生存能力的影响。财务风险是指利率和汇率的变动、股票价格和商品价格波动、信用政策等不确定因素对企业现金流的影响以及公司在理财方面的行为对企业财务目标的影响。运营风险是指供应链的管理、运营资源的合理调配、关键人员的流动、监督检查等不确定性因素对公司预期经营目标方面的影响。危害性风险是指自然环境恶化、地震、洪水、火灾、台风等不确定性因素对实现安全管理目标的影响。

（二）风险评估过程

企业在生产经营活动中，面临诸多风险，如果没有妥善处理好这些风险，会给企业带来不同程度的损失。风险评估就是对某一事件或事物带来的影响或损失的可能程度进行量化测评。按照《企业内部控制基本规范》中的定义，风险评估是指单位及时识别、科学分析经营活动中与实现控制目标相关的风险，合理确定风险应对策略。它是实施内部控制的重要环节。

在风险评估过程中，企业需要考虑：确定保护的对象或者资产，明确它们的直接和间接价值；识别企业资产面临的潜在威胁，分析导致威胁的原因以及威胁发生的可能性，资产中存在的可能会被威胁所利用的弱点等；一旦威胁事件发生，企业会遭受怎样的损失或者面临怎样的负面影响；企业应该采取怎样的安全措施才能将风险带来的损失降低到最低程度。简单来说，风险评估过程包括目标设定、风险识别、风险分析和风险应对四个环节。

1. 目标设定

我国《企业内部控制基本规范》规定，企业应当根据设定的控制目标，全面系统持续地收集相关信息，结合实际情况，及时进行风险评估。

风险评估的先决条件是组织各个层级目标的确立。管理层应当按照战略目标，设定相关的经营目标、报告目标、合规目标与资产安全目标。明确相应的具体目标，以便识别和分析相关的风险。管理层也要考虑这些目标与组织的可持续性关系。

目标设定是企业风险评估的起点，是风险识别、风险分析和风险应对的前提。企业应当根据设定的目标，合理确定企业整体风险承受能力和具体业务层次上的可接受的风险水平，并努力将风险控制在这个水平内。目标设定是否科学、有效，取决于其是否符合企业的风险偏好和风险承受度。

风险偏好是指企业在实现其目标的过程中愿意接受的风险水平。可以从定性和定量两个角度对风险偏好加以度量。

风险承受度是指企业在目标实现的过程中对差异的可承受风险限度，是企业在风险偏好的基础上设定的对相关目标实现过程中所出现的差异的可接受水平，也称作风险承受能力。风险承受度包括整体风险承受能力和业务层面的可接受风险水平。

2. 风险识别

风险识别是指对企业面临的尚未发生的潜在的各种风险进行系统的归类分析并对风险性质进行鉴定的过程。

风险识别具有以下几个特征：

第一，风险识别是一个重复的过程。风险的识别需要针对企业内外部环境的变化而持续进行，是一项动态的过程。随着主体的活动，新的风险也会不断出现，这需要企业时刻保持警惕，识别企业当前或未来所面临的潜在风险。

第二，风险识别是一个复杂、全面的过程。风险识别过程不可能局限在某一部门或某一个环节。需要企业自上而下的各个部门全面参与并积极配合。不同层次的员工会从不同角度看待同一项风险，他们所感受的风险水平并不相同，因此对企业风险进行评估必须是一个全面系统的过程。

第三，风险识别是一个科学系统的过程。企业在进行风险识别时，可以采取座谈讨论、问卷调查、案例分析、咨询专业机构意见等方法科学识别相关的风险因素，并注意总结、吸取企业过去的经验教训和同行业的经验教训，加强对高危性、多发性风险因素的关注。在充分调研和科学分析的基础上，准确识别影响企业内部控制目标实现的内部风险因素和外部风险因素，具体如下：

内部风险因素：高级管理人员职业操守、员工专业胜任能力、团队精神等人员素质因素；经营方式、资产管理、业务流程设计、财务报告编制与信息披露等管理因素；财务状况、经营成果、现金流量等基础实力因素；研究开发、技术投入、信息技术运用等技术因素；营运安全、员工健康、环境污染等安全环保因素。

外部风险因素：经济形势、产业政策、资源供给、利率调整、汇率变动、融资环境、市场竞争等经济因素；法律法规、监管要求等法律因素；文化传统、社会信用、教育基础、消费者行为等社会因素；技术进步、工艺改进、电子商务等科技因素；自然灾害、环境状况等自然环境因素。

3. 风险分析

在风险识别的基础上，企业应当根据实际情况，针对不同的风险类别确定科学合理的定性、定量分析标准。根据风险分析的结果，依据风险的重要性水平，运用专业判断，采用定性与定量相结合的方法，按照风险发生的可能性大小及其对企业影响的严重程度进行风险排序，确定应当重点关注和优先控制的风险。

4. 风险应对

企业应当根据风险分析的结果，结合风险承受度，综合运用风险规避、风险降低、风险分担和风险承担等风险应对策略，实现对风险的有效控制。

风险规避是指企业对超出其整体风险承受能力或者具体业务层次上的可接受风险水平之内的风险，通过放弃或者停止与该风险相关的业务活动以避免和减轻损失的策略。风险规避是四种风险应对策略中最为简单也是最为消极的一种，通过远离风险源和潜在风险来规避风险，虽然规避了风险，但在某种程度上也规避了潜在的获得收益的可能性。并且，企业在采取此策略的同时还应该考虑企业规避风险所花费的成本。

风险降低是指企业对在其整体风险承受能力和具体业务层次上的可接受风险水平之内的风险，在权衡成本效益之后愿意单独采取进一步的控制措施以降低风险、提高收益或者减轻损失的策略。风险降低可以积极改善风险的特性，使其可以被企业接受，又不丧失获得收益的机会。常见的风险降低途径有预防风险和减少风险，通过与预防措施、控制措施和补救措施相衔接，实现事前、事中和事后的风险降低。

风险分担是指企业对在其整体风险承受能力和具体业务层次上的可接受

风险水平之内的风险，在权衡成本效益之后愿意借助他人力量，采取包括业务分包、购买保险等进一步的控制措施以降低风险、提高收益或者减轻损失的策略。企业通过对风险的分析、评估，确定风险类别及危害，进而确定合作主体，以便风险发生时共同抵御。常见的合作主体包括：投资者之间、投资者与创业投资家之间、创业投资家内部、创业投资公司之间、创业投资家与创业企业家之间、创业企业家内部、外部机构与各创业投资主体之间等。承担分担风险的合作主体按照约定的合同条款，在风险发生时，合同双方分别履行各自义务，共同承担风险，从而实现风险的现实分担。

风险承担是指企业对在其整体风险承受能力和具体业务层次上的可接受风险水平之内的风险，在权衡成本效益之后无意采取进一步控制措施的，实行风险承担。

风险应对策略的制定是一个持续、连续的过程，应该与企业的具体业务或者事项相对应，针对不同的业务、不同的发展阶段，持续收集与风险变化相关的各种信息，定期或者不定期地开展风险评估，及时调整风险应对策略。

四、设计改进内控流程

内部控制设计的流程是用以指导内部控制设计者有序、有效地完成内部控制设计的每一个环节和步骤。规范化的内部控制设计流程应当包括内部控制设计的规划阶段、内部控制设计的实施阶段和内部控制的试运行及完善阶段，具体内容如下。

（一）内部控制设计的规划阶段

1.界定内部控制设计的需求

（1）设计或完善企业的整个内部控制体系。有的企业需要建立并完善企业的整个内部控制系统，以满足相关部门对企业建立、评价以及披露内部控制系统运行状况的需要。

（2）分析和控制企业的风险。由于各种不确定性因素的存在，企业面临着客观存在的各种风险。企业能否对风险进行有效的管理和控制，是企业能否生存发展、能否实现企业预期目标的关键。因此，有的企业进行内部控制设计，目的主要在于分析和控制企业的风险。

（3）改进企业的商业流程或企业的绩效。有的企业进行内部控制设计可能是局部性的，具有一定的针对性，如改进企业的特定商业流程或提高企业的绩效。

2. 评价内部控制环境

对企业控制环境的评价，内部控制设计者应当主要对以下问题进行判断：是否存在总裁独裁；是否行政化或家族化管理；法人治理机制是否规范；内部审计的权威性程度如何；管理模式是否成熟；是否存在管理人员违规；是否存在越权接触实物、现金和重要凭证；是否存在企业文化危机；等等。

3. 评估内部控制成本

由于内部控制设计应当遵循成本效益原则，因此，内部控制设计者应当对企业现行的内部控制系统进行描述，调查内部控制现状，从而确定满足内部控制设计需求，实现内部控制设计目标，需要付出的内部控制成本。主要包括：调查内部控制现状、评价内部控制健全程度、评估内部控制成本。

4. 制订内部控制设计实施计划

经过对内部控制设计需求的界定，确定内部控制设计的目标以及评估内部控制环境和内部控制评估成本后，应当制订内部控制设计实施计划，包括人员、时间及具体设计活动安排等。

（二）内部控制设计的实施阶段

以一套完整的内部控制系统为例，内部控制设计者应当按照下列顺序和内容来完成内部控制设计实施阶段的工作。

1. 分解企业内部控制的目标

内部控制目标的设立是构建企业内部控制系统的关键。但是，过于笼统宽泛的内部控制目标定义不便于进行内部控制设计，内部控制目标应当具体且便于理解。内部控制设计者应当分解企业内部控制的目标，以便于进行内部控制的设计。内部控制设计者应当根据企业各方面的特点来定义企业不同层次的内部控制目标，以便设计达到预期。

控制目标的控制活动和程序分解过程可以简单描述为：企业目标和股东

目标→董事会目标→公司层面内部控制目标→经营活动控制目标。

2. 设计公司层面的内部控制

公司层面内部控制的设计应当包括：公司治理机制，公司组织机构与权责分派，公司预算与业绩考评，对公司下属部门及附属公司的管理控制，内部审计，信息系统管理控制制度。

3. 设计业务活动环节的内部控制

对各业务活动环节内部控制的设计应当包括业务活动控制的目标、控制的方式和业务控制流程三个方面。

设计业务层面的控制，必须首先确定控制的目标，其次识别可能存在哪些风险，哪些风险会导致目标不能实现，然后针对这些风险设计控制活动，最后通过信息交流与沟通将目标、风险、控制活动连为一体。这种从目标到风险到控制活动到整合的思路称为 ORCA 模式。

需要注意的是，内部控制设计阶段初步完成后，应当进行内部控制的试运行，从而对内部控制系统的合理性和有效性进行评价，并进行必要的完善，最终内部控制系统才能实际运行。

五、实施内部控制改进方案

要按照已设计并且改进的内部控制方案来实施，实施过程中应注意以下问题：

第一，授权批准控制：明确各部门、岗位及人员的权限和责任，确保各部门、岗位及人员在授权批准的范围内行使职权。

第二，不相容岗位分离控制：事先合理设定不相容的岗位，再根据设定的岗位进行人员分工，明确职责权限，形成相互制衡机制。

第三，业务流程控制：制定各业务环节相互制约和相互衔接的业务流程，保证业务活动有序开展。

第四，预算控制：预先编制收支计划，加强对预算执行情况的监控，严格控制无预算的资金使用。

第五，会计控制：严格实行会计出纳岗位责任制，制订严密的会计出纳处理程序，保证会计出纳业务符合社会保险基金财务会计制度的规定和规范化的要求。

第六，风险控制：树立风险意识对可能发生的各种管理风险进行预测、评估和监测，采取定期盘点和定期对账等措施确保基金资产的安全完整。

第七，信息技术控制：运用电子信息技术手段加强对业务和财务的控制，减少人为因素造成的差错和舞弊问题。

第八，报告控制：建立内部业务和财务信息报告制度，保持内部上下级间的信息沟通和交流。

六、内部控制监督与评价

（一）内部控制监督

内部监督分为日常监督和专项监督。日常监督是指企业对建立与实施内部控制的情况进行常规、持续的监督检查；专项监督是指在企业发展战略、组织结构、经营活动、业务流程、关键岗位员工等发生较大调整或变化的情况下，对内部控制的某一或者某些方面进行有针对性的监督检查。专项监督的范围和频率应当根据风险评估结果以及日常监督的有效性等予以确定。

企业应当结合内部监督情况，定期对内部控制的有效性进行自我评价，出具内部控制自我评价报告。

（二）内部控制评价

内部控制评价是指企业董事会或类似权力机构对企业内部控制的有效性进行全面评价，形成评价结论，出具评价报告的过程。

第五节　财务会计内部控制的加强

一、企业加强财务会计内部控制的重要性

现阶段，我国会计相关的法律法规已经比较完善，并且法律中明确指出了有关企业财务管理的内容，如财务的会计控制要求。在这种情况下，企业

要加强财务会计的内部控制工作，必须依照相关的法律规定，保证财务会计内部控制制度的完善。因此，企业加强财务会计内部控制是国家法律法规的要求。除此之外，企业加强财务会计的内部控制工作还对保证企业财务会计信息的真实性、保证企业经营活动的正常有序开展以及提升企业资金的使用效率等方面具有重要作用。

（一）保证企业财务会计信息的真实性

企业的财务会计信息在真实性上必须和企业自身的经营情况相符合，毕竟企业自身的经济价值创造以及社会价值发展与财务会计的信息真实性有十分重要的联系。正是因为有这样的关系存在，企业就需要重视自身财务会计信息处理的真实性。财务会计在自身内部控制制度上必须不断完善，只有在此基础上，才能使自身财务会计在信息处理过程中保证信息的真实性和可靠性，而企业财务会计自身信息的真实性将会成为企业未来经济决策和自身发展的重要数据保障。

（二）保证企业经营活动的正常有序开展

我国大部分企业在对自身财务会计内部控制工作开展的过程中，也需要将财务会计和企业各个部门进行联动。其中就包括财务、销售、物流等多个方面进行联合发展。只有这样，企业才能将财务会计内部控制工作做好，最终形成多个部门协调工作的新局面，保证企业经营活动过程中的每一个步骤都能够有效运转。

（三）提升企业资金的使用效率

财务会计内部控制工作的加强，可以从财务会计自身信息的真实性上去保证，从而提升企业资金的使用效率。企业在资金使用过程中，往往可以把握经营管理过程中的许多内容，而且在资金使用效率提升的过程中让企业的资金得到良好运转，合理运用。

二、企业加强财务管理内部控制的现状

（一）企业财务会计内部控制的发展基础薄弱

目前许多企业财务管理过程中仍存在许多不足，比如具有落后性和滞后性。而这些不足主要体现在企业在自身发展过程中，自身管理水平和财务会计管理水平的差异。企业是否重视自身财务会计管理水平的提升，更多在于企业有没有使财务会计的实际管理工作满足自身的发展需求，因此如果企业没有认识到财务管理工作的重要性，而只是一味地进行形式上的更改，那么企业就会在支撑内部工作控制的管理过程中形成混乱的局面，使企业不能实现良性发展。

此外，企业中还存在片面重视财务会计工作的状况，没有认识到财务管理工作的重要性，使得企业现代化的财务会计工作缺少了重要的一环，影响了企业的发展进步。很多大型企业的财务会计管理工作都做得不到位，因此，企业应该提高对财务会计工作的重视程度，不断完善企业内部的财务管理，根据自身的情况，不断调整相应的策略，制订好企业财务管理的内部措施。企业加强财务管理的内部控制，才能不断增强品牌优势和市场竞争力。

（二）企业财务会计内部控制制度执行力度不足

我国企业想要在发展过程中正确认识到财务管理工作的重要性，就需要完善企业财务会计的内部控制制度，只有这样，企业才能通过加大自身内部控制工作的管理力度来推进未来的工作。部分企业即使建立了相应的内部控制制度，也没有在实际工作中将财务会计的内部控制工作做好，制度并不完善，将执行落实不到位。针对财务会计内部工作建立相关制度，可以使财务会计的相关工作人员在与自身利益不发生冲突的基础上开展相应工作。因此，企业必须完善财务会计工作内部控制相关制度，解决内部控制实施难度较大问题。

（三）企业缺乏创新管理意识

当前许多企业在发展过程中也能够认识到自身财务会计内部控制工作的重要性，并在管理工作中去落实。但是相当一部分企业更多的是在自身管理机制的基础上加以完善，而没有考虑到企业的发展需要创新的力量去推动，因此，财务会计在内部控制没有得到足够认识的情况下，也很难对传统的经营管理理念进行创新。企业更重视的是生产经营中的经济利益，因此许多高层领导只是将关注点放在财务工作的报表和报告上，而没有考虑财务会计内部控制的相关内容，更没有考虑企业发展过程中存在的隐患。所以当企业内部经济财政出现落差以后，就会导致企业存在发展困难，使企业在新时代的经济发展过程中自身地位得不到保障。

三、加强财务会计内部控制的有效措施

企业财务会计的内部控制有利于企业资金的运转，能够满足企业对现金流的监管和控制需求。企业现金流的公开透明是企业资金管理的有效手段，是企业进行财务会计内部控制的重要内容。就财务会计内部控制的现状而言，财务会计内部控制的应对措施应当从信息化手段、监督和创新等方面入手。

（一）建立健全企业财务会计内部控制系统

针对企业没有重视自身财务会计内部控制工作的情况，需要对建立健全企业财务会计内部控制系统进行落实。在当前互联网信息的飞速发展下，可以通过信息化手段来加强对资金的管理。企业在进行经营决策思考的过程中，往往需要财务会计提供的真实、可靠的数据作为支撑。因此在系统建立的过程中，就需要通过互联网信息技术来确立财务会计信息系统，让企业自身日常生产经营活动中的每一笔资金都有详细的控制和流入关键信息，财务会计才能够应用信息技术对每一笔资金进行管理，保障财务信息的真实性和可靠性。同时，在建立健全财务会计内部控制制度的过程中，也需要让每一个工作人员了解并履行自身的职责。在对系统进行完善的过程中，还要核实资金流动情况，使财务会计信息能够在真实性上为未来决策提供依据。

（二）建立有效的财务会计内部控制监督机制

财务会计内部控制工作在发展过程中，除了通过系统对资金流入情况进行详细管理外，还需要建立健全相应的制度，来对财务会计相关人员进行管理和控制。这样做不仅能够有效保障企业内部生产经营活动的正常运行，还能够对企业财务会计的工作进行保障。目前在该制度的具体实施过程中，主要存在的问题是许多财务会计管理制度没有得到落实。这样的执行力度很难推动企业在自身经营活动得到保障的基础上正常进行财务会计内部控制。面对这种问题，就需要加强对财务会计内部管理制度的监督和管理。通过多

个部门的协调来对财务部门进行监督，往往可以达到预期的效果。在此基础上，还需要确保相应人员能够定期和不定期地对财务工作进行检查。对于企业财务会计内部控制工作的监督，不仅能促进财务会计对自身的能力进行有效评估，还能将许多财务会计活动进行合理、科学的设置。一般情况下会采取两种措施，一种是通过相应的监督设备对企业内部的各种工作实施监督，另一种是通过岗位分离相关制度，让工作人员之间相互监督。

第五章 内部业务活动控制与评价体系

第一节 内部业务活动的控制

内部业务活动主要包括资金活动、采购、资产管理、销售、研究与开发、工程项目、担保、业务外包、财务报告编制等,下面对其中几项业务活动的内部控制做简要分析。

一、资金活动内部控制

(一)筹资活动的控制

筹资活动作为企业资金活动的起点,筹集企业投资和日常生产经营活动所需的资金。筹资活动的内部控制,不仅决定着企业能否筹集到投资、生产经营以及未来发展所需的资金,还决定着筹资成本和筹资风险,进而影响企业的发展状况。

筹资活动的关键风险点及控制措施包括以下几方面内容。

1. 拟订筹资方案

拟订筹资方案环节的主要风险包括缺乏经营战略规划、对企业资金现状认识不清、筹资方案内容不完整、考虑不够周密、测算不准确等。

企业首先应该制定经营发展战略,这样才能有效地指导企业的各项活动。企业应当根据经营战略,确立筹资目标和规划,结合年度全面预算与资金现状等因素,拟订筹资方案,明确筹资用途、规模、结构、方式和期限等相关内容,对筹资成本和潜在风险作出充分估计。境外筹资还应考虑所在地的政治、经济、法律、市场等因素。一个完整的筹资方案应包括筹资金额、筹资形式、利率、筹资期限、资金用途等内容。

2. 筹资方案论证

筹资方案论证环节的主要风险包括对筹资方案论证不科学、不全面等。

企业应当对筹资方案进行科学论证，进行可行性研究，防范筹资风险。筹资方案论证应从以下几方面进行：

（1）筹资方案的战略评估：主要评估筹资方案是否符合企业发展战略，筹资规模是否适当等。筹资的目的是满足企业经营发展需要，因此筹资方案要符合企业整体发展战略。确定筹资规模时也应考虑战略，既不可盲目筹集过多资金，因为资金都是有成本的，资金闲置会增加企业财务负担；也应避免筹资不足，以免影响投资和生产经营活动的开展。

（2）筹资方案的经济性评估：主要分析筹资方案是否经济，是否以最低的筹资成本获得所需资金。因此，应合理地选择股票、债券等筹资方式以及筹资期限。在风险相同的情况下，应尽可能地降低筹资成本。筹资期限也应考虑实施战略过程中资金的流入量和流出量，避免过长或过短，从而导致资金闲置或多次筹资。

（3）筹资方案的风险评估：对筹资方案面临的风险，如利率、汇率、宏观经济形势、货币政策等因素进行预测分析。如债权方式带来的到期还本付息压力以及股权方式带来的控制权转移或稀释的风险等，并对可能出现的风险采取有效的防范措施。

重大筹资方案应当形成可行性研究报告，全面反映风险评估情况。企业可以根据实际需要，聘请具有相应资质的专业机构进行可行性研究。

3. 筹资方案审批

筹资方案审批环节的主要风险包括缺乏完善的授权审批制度、审批不严等。主要控制措施包括：

（1）企业应当按照分级授权审批的原则对筹资方案进行严格审批，重点关注筹资用途的可行性和相应的偿债能力。重大筹资方案，应当按照规定的权限和程序实行集体决策或者联签制度。筹资方案需经有关部门批准的，应当履行相应的报批程序。

（2）筹资方案发生重大变更的，应当重新进行可行性研究并履行相应的审批程序。

4.筹资计划的编制与实施

筹资计划的编制与实施环节的主要风险包括筹资计划不完整、筹资成本支付不利、缺乏对筹资活动严密的跟踪管理等。主要控制措施包括：

（1）财务部门应根据批准的筹资方案制订严密的筹资计划。严格按照规定权限和筹资计划筹集资金。企业通过银行借款方式筹资的，应当与有关金融机构进行洽谈，明确借款规模、利率、期限、担保、还款安排、相关的权利义务和违约责任等内容。双方达成一致意见后，签署借款合同，并据此办理相关借款业务。企业通过发行债券方式筹资的，应当合理选择债券种类，对还本付息方案作出系统安排，确保按期、足额偿还到期本金和利息。企业通过发行股票方式筹资的，应当依照《证券法》等有关法律、法规和证券监管部门的规定，优化企业组织架构，进行业务整合，并选择具备相应资质的中介机构协助企业做好相关工作，以确保符合股票发行条件和要求。

（2）企业应当加强债务偿还和股利支付环节的管理，对偿还本息和支付股利等作出适当安排。企业应当按照筹资方案或合同约定的本金、利率、期限、汇率及币种，准确计算应付利息，与债权人核对无误后按期支付。企业应当选择合理的股利分配政策，兼顾投资者近期和长远利益，避免分配过度或不足。股利分配方案应当经过股东（大）会批准，并按规定履行披露义务。

5.会计系统控制

会计系统控制环节的主要风险包括缺乏有效的筹资会计系统控制、会计记录和处理不准确等，导致未能如实反映筹资状况。主要控制措施包括：

（1）企业应当加强筹资业务的会计系统控制，建立筹资业务的记录、凭证和账簿，按照国家统一会计准则和制度，正确核算和监督资金筹集、本息偿还、股利支付等相关业务。

（2）妥善保管筹资合同或协议、收款凭证、入库凭证等资料，定期与资金提供方进行账务核对，确保筹资活动符合筹资方案的要求。

（二）投资活动的控制

投资活动作为企业一种重要的营利活动，它的开展情况对于筹资成本的补偿、企业利润创造和实现企业发展战略等具有重要的意义。

投资活动的关键风险点及控制措施包括以下几方面内容。

1. 拟订投资方案

拟订投资方案环节的主要风险包括投资方案与公司发展战略不符、风险与收益不匹配、投资项目未突出主业等。主要控制措施包括：

（1）企业应当根据发展战略、投资目标和规划，合理安排资金投放结构，科学确定投资项目，拟订投资方案，合理确定投资规模，权衡投资项目的收益和风险。

（2）企业选择投资项目应当突出主业，谨慎从事股票投资或衍生金融产品等高风险投资。境外投资还应考虑政治、经济、法律、市场等因素的影响。

（3）企业采用并购方式进行投资的，应当严格控制并购风险，重点关注并购对象的隐性债务、承诺事项、可持续发展能力、员工状况及其与本企业治理层及管理层的关联关系，合理确定支付对价，确保实现并购目标。

2. 投资方案可行性论证

投资方案可行性论证环节的主要风险包括论证不全面、不科学，如未对投资目标、规模、方式、资金来源、风险与收益等作出客观评价。主要控制措施包括：

（1）企业应当加强对投资方案的可行性研究，重点评价投资方案是否符合企业发展战略、投资规模是否合适、投资方式是否恰当、资金来源是否可靠、风险是否处于可承担范围内以及收益是否稳定可观等，保证筹资成本的足额补偿和投资的营利性。

（2）对于重大投资项目，应该委托具备相应资质的专业机构进行可行性研究并提供独立的可行性研究报告。

3. 投资方案决策审批

投资方案决策审批环节的主要风险包括缺乏严密的授权审批制度、审批不严等。主要控制措施包括：

（1）企业应当按照职责分工、审批权限以及规定的程序对投资项目进行决策审批，重点审查投资方案是否可行，投资项目是否符合国家产业政策及相关法律、法规的规定，是否符合企业投资战略目标和规划，是否具有充足的资金支持，投入资金能否按时收回，预期收益能否实现，以及投资和并购风险是否可控等。

（2）重大投资项目，应当按照规定的权限和程序实行集体决策或者联签制度。投资方案需经有关管理部门批准的，应当履行相应的报批程序。

4.投资计划的编制与实施

投资计划的编制与实施环节的主要风险包括投资计划不科学、缺乏对项目的跟踪管理。主要控制措施包括：

（1）企业应根据审批通过的投资方案编制详细的投资计划，确定不同阶段的资金投入数量、项目进度、完成时间、质量要求等，并报经有关部门批准。投资活动需与被投资方签订投资合同或协议的，应签订合同并在合同中明确出资时间、金额、方式、双方权利义务和违约责任等内容。

（2）企业应当指定专门机构或人员对投资项目进行跟踪管理，做好投资项目的会计记录和处理，及时收集被投资方经审计的财务报告等相关资料，定期组织投资效益分析，关注被投资方的财务状况、经营成果、现金流量以及投资合同的履行情况；发现异常情况，应当及时报告并妥善处理。

5.投资项目的到期处置

投资项目的到期处置环节的主要风险有处理不符合企业利益、缺乏责任追究制度等。主要控制措施包括：

（1）企业应当加强投资收回和处置环节的控制，对投资收回、转让、核销等决策和审批程序作出明确规定。

（2）重视投资到期本金的回收，转让投资应当由相关机构或人员合理确定转让价格，报授权批准部门批准，必要时可委托具有相应资质的专门机构进行评估。

（3）核销投资应当取得不能收回投资的法律文书和相关证明文件。对于到期无法收回的投资，企业应当建立责任追究制度。

6.会计系统控制

会计系统控制环节的主要风险是缺乏有效的投资会计系统控制、会计记录和处理不及时不准确等。主要控制措施包括：

（1）企业应当加强对投资项目的会计系统控制，根据对被投资方的影响程度，合理确定投资会计政策，建立投资管理台账，详细记录投资对象、金额、持股比例、期限、收益等事项，妥善保管投资合同或协议、出资证明等资料。

（2）企业财会部门对于被投资方出现财务状况恶化、市价当期大幅下跌等情形的，应当根据国家统一的会计准则和制度规定，合理计提减值准备、确认减值损失。

（三）资金营运活动的关键风险点及控制措施

资金营运是指企业日常生产经营中各类资金的组织和调度，保证资金正常循环周转的活动。资金营运有广义与狭义之分。广义的资金营运是企业利用筹资取得的资金营利的活动；狭义的资金营运是与投资活动相对立的活动，是企业投资形成项目或资产后，有效利用项目或资产营利的活动，包括采购、生产、销售、成本补偿和利润分配的全部过程。本节中，资金营运指的是狭义的资金营运。

资金营运活动中的主要风险包括资金调度不合理、营运不畅（可能导致企业陷入财务困境或资金冗余）、资金活动管控不严（可能导致资金被挪用、侵占、抽逃或遭受欺诈）。

资金营运活动内部控制应注意以下几点。

1.资金平衡

企业应当加强对资金营运全过程的管理，统筹协调内部各机构在生产经营过程中的资金需求，切实做好资金在采购、生产、销售等各环节的综合平衡，注意资金流在数量和时间上的合理配置，全面提升资金营运效率。

2.预算管理

企业应该充分发挥全面预算管理在资金营运中的作用，严格按照年度全面预算的要求组织协调资金，确保资金及时收付，实现资金的合理占用和营运良性循环。企业应当严禁资金的体外循环，切实防范资金营运中的风险。

3. 有效调度

通过内部资金的有效调度，可以调剂余缺，提高资金使用效率。企业应当定期组织召开资金调度会或资金安全检查，对资金预算的执行情况进行综合分析。发现异常情况，应及时采取措施妥善处理，避免资金冗余或资金链断裂。企业在营运过程中出现临时性资金短缺，可以通过短期融资等方式获取资金；出现短期闲置资金，在保证安全性和流动性的前提下，可以通过购买国债等多种方式来提高资金效益。

4. 会计系统控制

企业应当加强对营运资金的会计系统控制，严格规范资金的收支条件、程序和审批权限。营运资金应及时入账，不得账外设账。严禁收款不入账、设立"小金库"。办理资金收付业务，应当明确支出款项的用途、金额、预算、限额、支付方式等内容，并附原始单据或相关证明；履行严格的授权审批程序后，方可安排资金支出。办理资金收付业务，应当遵守现金和银行存款管理的有关规定，严禁将办理资金支出业务的相关印章均交由同一人保管。

二、采购业务控制

（一）编制需求预算和采购预算

采购业务从预算开始，包括需求预算和采购预算。需求部门根据生产经营需要向采购部门提出物资需求预算。采购部门根据需求预算和现有库存物资情况，统筹安排采购预算。该环节的主要风险有需求预算和采购预算安排不合理、采购与生产经营计划不协调等。主要控制措施包括：

（1）需求部门应根据实际生产经营需要，准确、及时地编制需求预算，并且不能在提出需求计划时指定或变相指定供应商。

（2）采购部门根据需求预算和现有库存情况，统筹安排采购预算，并按规定的权限和程序经相关负责人审批后将其作为企业刚性指令严格执行。

（二）采购申请与审批

采购申请与审批环节的主要风险有缺乏采购申请制度，请购审批不当或越权审批；对市场变化趋势预测不准确，造成库存短缺或积压、企业生产停滞或资源浪费等情形。主要控制措施包括：

（1）企业应当建立采购申请制度，依据购买物资或接受劳务的类型，确定归口管理部门，授予相应的请购权，明确相关部门或人员的职责权限及相应的请购和审批程序。

（2）企业可以根据实际需要设置专门的请购部门，对需求部门提出的采购需求进行审核，并进行归类汇总，统筹安排企业的采购计划。

（3）具有请购权的部门对于预算内采购项目，应当严格按照预算执行进度办理请购手续，并根据市场变化提出合理的采购申请。对于超预算和预算外采购项目，应先履行预算调整程序，由具备相应审批权限的部门或人员审批后，再行办理请购手续。

（三）选择供应商

选择供应商环节的主要风险有缺乏供应商评估和准入制度以及供应商管理系统和淘汰制度、供应商评估不严、供应商选择不当、采购物资质次价高、采购舞弊行为等。主要控制措施包括：

（1）企业应当建立科学的供应商评估和准入制度，确定合格供应商清单，并按规定的权限和程序审核批准后，将其纳入供应商网络。

（2）择优确定供应商、与选定的供应商签订质量保证协议。

（3）建立供应商管理信息系统和供应商淘汰制度，对供应商提供物资或劳务的质量、价格、交货及时性、供货条件及其资信、经营状况等进行实时管理和综合评价，并根据评价结果对供应商进行合理选择和调整。

（四）确定采购方式和采购价格

确定采购方式和采购价格环节的主要风险有采购方式选择不当、招投标或定价机制不科学、定价方式不合理、缺乏对重要物资价格的跟踪监控、采购价格过高等。主要控制措施包括：

（1）企业应当根据市场情况和采购计划合理选择采购方式。大宗采购应当采用招标方式，合理确定招投标的范围、标准、实施程序和评价规则；一般物资或劳务等的采购可以采用询价或定向采购的方式并签订合同协议；小额零星物资或劳务等的采购可以采用直接购买等方式。

（2）企业应当建立采购物资定价机制，采取协议采购、招标采购、谈判采购、询比价采购等多种方式合理确定采购价格，最大限度地降低市场变化对企业采购价格的影响，实现以最优性价比采购到需求的物资的目标。大宗采购等应当采用招投标方式确定采购价格；其他商品或劳务的采购，应当根据市场行情制定最高采购限价，并适时调整最高采购限价。

（五）订立采购合同

订立采购合同环节的主要风险有未订立采购合同或未经授权对外订立采购合同、合同内容存在重大疏漏和欺诈等。主要控制措施包括：

（1）企业应当根据采购需要、确定的供应商、采购方式、采购价格等情况拟订采购合同，准确描述合同条款，明确双方权利、义务和违约责任，按照规定权限签订采购合同。

（2）对于影响重大、涉及较高专业技术的合同或法律关系复杂的合同，应当组织法律、技术、财会等专业人员参与谈判，必要时可聘请外部专家参与相关工作。

（六）管理供应过程

管理供应过程环节的主要风险有缺乏对采购合同履行的跟踪管理、运输工具和方式选择不当、忽视投保等，造成采购物资损失或无法保证供应。主要控制措施包括：

（1）企业应建立严格的采购合同跟踪制度，依据采购合同中确定的主要条款跟踪合同的履行情况，对有可能影响生产或工程进度的异常情况出具书面报告，并及时提出解决方案。

（2）评价供应商供货情况，并根据生产建设进度和采购物资特性选择合理的运输工具和运输方式，办理运输投保，尽可能地降低采购物资损失，保证物资及时供应。

（3）对采购过程实行全程登记制度，确保各项责任可追究。

（七）验收

验收环节的主要风险有缺乏验收制度、验收程序不规范、验收标准不明确、对验收过程中的异常情况未作处理等，可能造成采购损失或影响生产。主要控制措施包括：

（1）企业应当建立严格的采购验收制度明确验收程序和验收标准，确定检验方式，由专门的验收机构或验收人员对采购项目的品种、规格、数量、质量等相关内容进行验收，出具验收证明。涉及大宗和新、特物资采购的，还应进行专业测试。

（2）对于验收过程中发现的异常情况，负责验收的机构或人员应当立即向企业有权管理的相关机构报告，相关机构应当查明原因并及时处理。

（3）对于不合格物资，采购部门依据检验结果办理让步接收（如降级使用、挑选使用、返工使用等）、退货、索赔等事宜。

（八）付款

付款环节的主要风险有付款审核不严、付款不及时、付款方式不当、预付款项损失等，可能造成企业资金损失或信用损失。主要控制措施包括：

（1）企业应当加强采购付款的管理，完善付款流程，明确付款审核人的责任和权力，严格审核采购预算、合同、相关单据凭证、审批程序等，审核无误后按照合同规定及时办理付款。

（2）严格审查采购发票的真实性、合法性和有效性。发现虚假发票的，应查明原因，及时报告处理。

（3）重视采购付款的过程控制和跟踪管理。发现异常情况的，应当拒绝付款，避免出现资金损失和信用受损。

（4）合理选择付款方式，并严格遵循合同规定，防范付款方式不当带来的法律风险，保证资金安全。超过转账起点金额的采购应通过银行办理转账。

（5）加强预付账款和定金的管理。对涉及大额或长期的预付款项，应当定期进行追踪核查，综合分析预付账款的期限、占用款项的合理性、不可收回风险等情况。发现有疑问的预付款项，应当及时采取措施。

（九）退货

退货环节的主要风险有缺乏退货管理制度、退货不及时等，给企业造成损失。主要控制措施包括：

（1）企业应当建立退货管理制度，对退货条件、退货手续、货物出库、退货货款回收等作出明确规定，并在与供应商的合同中明确退货事宜，及时收回退货货款。

（2）涉及符合索赔条件的退货，应在索赔期内及时办理索赔。

（十）会计系统控制

会计系统控制环节的主要风险有缺乏有效的采购会计系统控制，会计记录、采购记录与仓储记录不一致，会计处理不准确、不及时等，导致未能如实反映采购业务以及采购物资和资金损失。主要控制措施包括：

（1）企业应当加强对购买、验收、付款业务的会计系统控制，详细记录供应商情况、请购申请、采购合同、采购通知、验收证明、入库凭证、商业票据、款项支付等情况，确保会计记录、采购记录与仓储记录一致。

（2）指定专人通过函证等方式，定期与供应商核对应付账款、应付票据、预付账款等往来款项。

三、销售业务控制

（一）销售计划管理

企业应结合销售预测和生产能力，设定销售总体目标额以及不同产品的销售目标额，并据此制订销售方案，实现销售目标。该环节的主要风险有销售计划缺乏或不合理、未经授权审批等，导致产品结构和生产安排不合理、库存积压。主要控制措施包括：

（1）企业应根据发展战略，结合销售预测、生产能力以及客户订单情况，制订年度、月度销售计划。

（2）要不断根据实际情况，及时调整销售计划，并按程序审批。

（二）客户信用管理

客户信用管理环节的主要风险有客户信用档案不健全、缺乏对客户资信的持续评估，可能造成客户选择不当、款项不能及时收回甚至遭受欺诈，影

响企业现金流和正常经营。主要控制措施包括:

(1)企业应当建立和不断更新、维护客户信用动态档案,关注重要客户的资信变动情况,采取有效措施,防范信用风险。

(2)对于境外客户和新开发客户,应当建立严格的信用保证制度。

(三)确定定价机制和信用方式

确定定价机制和信用方式环节的主要风险有定价不合理、销售价格未经适当审批或存在舞弊、信用方式不当等,造成销售受损,损害企业经济利益或企业形象。主要控制措施包括:

(1)企业应当加强市场调查,合理确定定价机制和信用方式,根据市场变化及时调整销售策略,灵活运用销售折扣、销售折让、信用销售、代销和广告宣传等多种策略和营销方式,促进销售目标的实现,不断提高市场占有率。

(2)产品基础价格以及销售折扣、销售折让等政策的制定应按规定程序与权限进行审核批准。

(3)对于某些商品可以授予销售部门一定限度的价格浮动权,销售部门结合产品市场特点,将权力逐级分配并明确权限执行人。

(四)订立销售合同

订立销售合同环节的主要风险有销售价格、结算方式、收款期限等不符合企业销售政策,导致企业经济利益受损;合同内容存在重大疏漏或欺诈、订立合同未经授权,导致侵害企业的合法权益。主要控制措施包括:

(1)企业在销售合同订立前,应当结合企业的销售政策,与客户进行业务洽谈、磋商或谈判,关注客户的信用状况、销售定价、结算方式等相关内容。重大的销售业务谈判应当吸收财会、法律等专业人员参加,并形成完整的书面记录。

(2)销售合同应当明确双方的权利和义务,审批人员应当对销售合同草案进行严格审核。对于重要的销售合同,应当征询法律顾问或专家的意见。

(3)销售合同草案经审批同意后,企业应授权有关人员与客户签订正式销售合同。

（五）发货

发货环节的主要风险有未经授权发货、发货不符合合同约定或者发货程序不规范，可能造成货物损失或发货错误，引发销售争议，影响货款收回。主要控制措施包括：

（1）企业销售部门应当按照经批准的销售合同开具相关销售通知。发货和仓储部门应当对销售通知进行审核，严格按照所列项目组织发货，确保货物的安全发运。

（2）企业应当严格按照发票管理规定开具销售发票，严禁开具虚假发票。

（3）应当以运输合同或条款等形式明确运输方式、商品短缺、毁损或变质的责任、到货验收方式、运输费用承担、保险等内容，货物交接环节应做好装卸和检验工作，确保货物的安全发运，由客户验收确认。

（六）客户服务

客户服务环节的主要风险有服务水平低，影响客户满意度和忠诚度，造成客户流失。主要控制措施包括：

（1）根据企业自身状况与行业整体情况，企业应当完善客户服务制度（包括服务内容、方式、标准等），加强客户服务和跟踪，提升客户满意度和忠诚度。

（2）做好客户回访工作，建立客户投诉制度，不断改进产品质量和服务水平。

（3）企业应当加强销售退回管理，分析销售退回原因，并及时妥善处理。

（七）收款

收款环节的主要风险有结算方式选择不当、账款回收不力、票据审查和管理不善，使企业经济利益受损。主要控制措施包括：

（1）企业应结合销售政策和信用政策，选择恰当的结算方式。

（2）企业应当完善应收款项管理制度，落实责任，严格考核，实行奖惩制度。销售部门负责应收款项的催收，妥善保存催收记录（包括往来函电）；

财会部门负责办理资金结算并监督款项回收。

（3）企业应当加强商业票据管理，明确商业票据的受理范围，严格审查商业票据的真实性和合法性，防止票据欺诈，并关注商业票据的取得、贴现和背书，对已贴现但仍承担收款风险的票据以及逾期票据，应当进行追索监控和跟踪管理。

（八）会计系统控制

会计系统控制环节的主要风险有销售业务会计记录和处理不及时、不准确，造成企业账实不符、账账不符、账证不符等，不能反映企业利润和经济资源的真实情况。主要控制措施包括：

（1）企业应当加强对销售、发货、收款业务的会计系统控制，详细记录销售客户、销售合同、销售通知、发运凭证、商业票据、款项收回等情况，确保会计记录、销售记录与仓储记录核对一致。

（2）建立应收账款清收核查制度，指定专人通过函证等方式定期与客户核对应收账款、应收票据、预收账款等往来款项。

（3）加强应收款项坏账的管理。应收款项全部或部分无法收回的，应当查明原因，明确责任，并严格履行审批程序，按照国家统一的会计准则和制度处理。

四、研究与开发业务控制

（一）立项

立项主要包括立项申请、评审和审批。该环节的主要风险有：研发项目与国家或企业的科技发展战略不符，项目评审和审批不严，可能造成项目创新不足、项目必要性不大或资源浪费等。主要控制措施包括：

（1）企业应当结合发展战略、实际需要以及技术现状，制订研发计划，提出研究项目立项申请，开展可行性研究，编制可行性研究报告。

（2）企业可以组织独立于申请及立项审批之外的专业机构和人员进行评估论证，出具评审意见。

（3）研究项目应当按照规定的权限和程序进行审批。重大研究项目应当报经董事会或类似权力机构集体审议决策。审批应当重点关注研究项目促进企业发展的必要性、技术的先进性以及成果转化的可行性。

（二）研究过程管理

1. 自主研发

自主研发是指企业依靠自身的人力、物力和财力，独立完成科研项目。该环节的主要风险有：研发人员配备不合理，导致研发成本过高或者研发失败；缺乏对研发项目的跟踪管理，造成费用失控或项目未能按期、保质完成。主要控制措施包括：

（1）企业应当加强对研究过程的管理，合理配备专业人员，严格落实岗位责任制，确保研究过程高效、可控。

（2）跟踪检查研究项目的进展情况，评估各阶段研究成果，确保项目按期、保质完成。

（3）建立研发费用报销制度，加强费用控制。

（4）开展阶段性评估，对于需适当调整研发计划的，批准后应及时予以调整。

2. 研发外包

根据外包程度不同，研发外包可以分为委托研发和合作研发。委托研发是指企业委托具有研发能力的企业或机构等开展研发工作，委托人全额承担研发经费、受托人交付研发成果的研发形式。合作研发是指企业联合其他企业或机构共同开展研发工作，合作方共同参与、共享效益、共担风险的研发形式。该环节的主要风险有外包单位选择不当、未签订外包合同、合同内容存在重大疏漏或欺诈等，给企业带来知识产权风险与法律诉讼风险等。主要控制措施包括：

（1）企业应遵循技术互补性原则、成本最低原则、诚信原则等甄选合作伙伴。

（2）对于委托研发，企业应同受托方签订外包合同，约定研究成果的产权归属、研究进度和质量标准等相关内容。

（3）对于合作研发，企业与合作方签订书面合作研究合同，明确双方投资、分工、权利义务、研究成果的产权归属等。

（三）验收

验收环节的主要风险有：验收制度不完善；验收人员的技术、能力、独立性等的缺乏，造成验收结果与事实不符；测试与鉴定投入不足，造成测试与鉴定不充分。主要控制措施包括：

（1）企业应当建立和完善研究成果验收制度，组织专业人员对研究成果进行独立评审和验收。

（2）加大测试和鉴定阶段的投入，切实降低技术失败的风险。

（3）对于通过验收的研究成果，可以委托相关机构进行审查，确认是否申请专利或作为非专利技术、商业秘密等进行管理。企业对于需要申请专利的研究成果，应当及时办理有关专利申请手续。

（四）核心研发人员的管理

核心研发人员的管理环节的主要风险有：缺乏核心研发人员管理制度；研发人员不勤勉或泄露核心技术等职业道德风险；核心研发人员离职，影响研发活动的进行；未签订劳动合同或劳动合同有重大疏漏，如对研发成果归属和离职后的保密义务等规定不清，给企业造成损失。主要控制措施包括：

（1）企业应当建立严格的核心研究人员管理制度，明确界定核心研究人员的范围和名册清单，签署国家有关法律、法规要求的保密协议，从制度上约束核心研发人员可能出现的道德风险。

（2）应实施合理、有效的研发绩效管理，如采取股权分享方式对研发人员进行持续激励，减少离职现象。

（3）企业与核心研究人员签订劳动合同时，应当特别约定研究成果归属、离职条件、离职移交程序、离职后的保密义务、离职后的竞业限制年限及违约责任等内容。

（五）研究成果开发

研发成果开发是技术研究的目的。如果开发成功，就可以获取技术优势，促进企业发展和盈利。但是，研究成果开发也存在失败的风险。该环节的主要风险包括技术风险和市场风险。技术风险，例如科学技术发展速度较快，新产品开发速度赶不上科技发展速度，使新产品在开发过程中夭折；在研发成果开发中由于技术能力有限，遇到技术障碍，延误开发时机。市场风险，例如对产品性能验证不够，开发过快，但产品市场潜力不大。主要控制措施包括：

（1）企业应当加强研究成果的开发，形成科研、生产、市场三位一体的自主创新机制，促进研究成果转化。

（2）加强技术管理，攻克关键技术障碍。

（3）研究成果的开发应当分步推进，通过试生产，充分验证产品性能，经过市场认可后方可进行批量生产。

（六）研发成果保护

研发成果保护环节的风险主要有：第一，立项时的风险。例如，立项时未进行专利信息的详细检索，自主开发的成果却不能使用。第二，研发过程中的风险。由于研发人员泄密、离职等，使阶段性成果被竞争对手获得。第三，研发成功后的风险。例如，对新开发的技术或产品未进行有效保护，而竞争对手抢先申请专利保护，导致自主开发成果被限制使用；合作研发中未明确产权归属，导致自树竞争对手。主要控制措施包括：

（1）立项申请、评估和审批阶段都应详细检索专利信息，以防自主研发成果不能使用。

（2）加强研发人员管理，签订保密协议，在劳动合同中明确离职后的保密义务等。

（3）合作研发合同中明确产权归属。

（4）建立研究成果保护制度，加强对专利权、非专利技术、商业秘密及在研发过程中形成的各类涉密图纸、程序、资料的管理，严格按照制度规定借阅和使用，禁止无关人员接触研究成果，以及依靠法律保护合法权益。

（七）研发活动评估

研发活动评估是指在研发项目通过验收一定时间之后，对立项与研究、开发与保护等过程进行全面评估，衡量研发价值，总结经验，查清薄弱环节，以不断提高研发水平。该环节的主要风险有缺乏对研发活动的评估，对评估不重视，评估指标过于片面而导致评估失败等。主要控制措施包括：

（1）企业应当建立研发活动评估制度，加强对立项与研究、开发与保护等过程的全面评估，认真总结研发管理经验，分析研发管理的薄弱环节，完善相关制度和办法，不断改进和提升研发活动的管理水平。

（2）增强管理者对评估作用的认可。

（3）在人员和经费方面给予保证。

（4）根据不同类型的项目分别构建评估指标体系。

五、财务报告控制

（一）制订财务报告编制方案

财会部门应在财务报告编制前制订财务报告编制方案，明确财务报告编制方法、编制程序、职责分工以及时间安排等。该环节的主要风险有：会计政策和会计估计使用不当或不符合法律、法规；重要会计政策、会计估计变更未经审批；各部门职责分工不清，时间安排不明确，延误编制进度等。主要控制措施包括：

（1）按照国家最新会计准则和制度，结合企业实际情况，选择恰当的会计政策和会计估计方法。

（2）重要会计政策和会计估计的调整要按照规定的权限审批。

（3）明确各部门职责分工。总会计师或分管会计工作的领导负责组织领导，财会部门负责编制，相关部门负责提供所需信息；合理安排编制时间，保证编制进度。

（二）确定重大事项的会计处理

确定重大事项的会计处理环节的主要风险有：对重大事项，如债务重组、收购兼并等的会计处理不合理，未经过审批，影响会计信息质量。主要的控制措施包括：

对财务报告产生重大影响的交易和事项的处理应当按照规定的权限和程序进行审批，审批后下达给各相关单位执行。

（三）查实资产和负债

查实资产和负债环节的主要风险有：资产、负债账实不符，如虚增或虚减资产、负债，未进行减值测试等。主要控制措施包括：

（1）制订资产、负债核实计划，明确人员配备、时间进度、方法等。

（2）核实资产、负债。进行银行对账、现金盘点、固定资产盘点，明确资产权属，与债权债务单位通过函证等进行结算款项核查。

（3）对于清查中发现的问题，应分析原因，提出处理意见。

（四）编制个别财务报告

编制个别财务报告环节的主要风险有报表数据不完整、不真实，附注内容不完整、不真实等。主要控制措施包括：

（1）各项资产计价方法不得随意变更，如有减值，应当合理计提减值准备，严禁虚增或虚减资产。

（2）各项负债应当反映企业的现时义务，不得提前、推迟或不确认负债，严禁虚增或虚减负债。

（3）所有者权益应当反映企业资产扣除负债后由所有者享有的剩余权益，由实收资本、资本公积、留存收益等构成。企业应当做好所有者权益的保值增值工作，严禁虚假出资、抽逃出资、资本不实等。

（4）各项收入的确认应当遵循规定的标准，不得虚列或者隐瞒收入，推迟或提前确认收入。

（5）各项费用、成本的确认应当符合规定，不得随意改变费用、成本的确认标准或计量方法，虚列、多列、不列或者少列费用、成本。

（6）利润由收入减去费用后的净额、直接计入当期利润的利得和损失等构成。不得随意调整利润的计算、分配方法，编造虚假利润。

（7）企业财务报告列示的各种现金流量由经营活动、投资活动和筹资活动的现金流量构成，应当按照规定划清各类交易和事项的现金流量的界限。

（8）附注是财务报告的重要组成部分，对反映企业财务状况、经营成果、现金流量的报表中需要说明的事项作出真实、完整、清晰的说明。企业应当按照国家统一的会计准则和制度编制附注。

（五）编制合并财务报告

编制合并财务报告环节的主要风险有合并范围不完整、合并方法不正确、内部交易和事项不完整、合并抵销处理不正确等。主要控制措施包括：

（1）按照会计准则和制度，明确合并财务报表的合并范围和合并方法。

（2）财会部门制订内部交易和事项的核对表，报财会部门负责人审批后，下发给纳入合并范围的各单位进行核对。

（3）合并抵销分录编制应有相应的文件和证据支持，并提交复核人审核，保证其正确性。

（六）财务报告的对外提供

1.财务报告对外提供前的审核

财务报告对外提供前，财务部门负责人需要审核财务报告的准确性；总会计师或分管会计工作的负责人需要审核财务报告的真实性、完整性、合法合规性；企业负责人需要审核财务报告整体的合法合规性，并分别签名盖章。该环节的主要风险有：对外提供前，对财务报告内容的真实性、完整性以及合规性等审核不充分。主要控制措施包括：

企业财务报告编制完成后，应当装订成册，加盖公章，由财会部门负责人、总会计师或分管会计工作的负责人、企业负责人审核后，签名并盖章。

2.财务报告对外提供前的审计

财务报告须经注册会计师审计的，注册会计师及其所在的事务所应出具审计报告，并随同财务报告一并提供。该环节的主要风险有未按有关规定接受审计、审计机构与被审单位串通舞弊等。主要的控制措施包括：

（1）财务报告须经注册会计师审计的，应聘请符合资质的会计师事务所对财务报告进行审计，并出具审计报告，并将其与财务报告一同提供。

（2）企业不应影响审计人员的独立性，应加强与审计人员的沟通，及时落实审计人员的意见。

（七）财务报告的分析利用

财务报告的分析利用环节的主要风险有不重视财务报告的分析和利用、财务分析不全面、财务分析报告内容不完整、财务分析报告未经审核、财务分析报告中的意见未落实等。主要控制措施包括：

（1）企业应当重视财务报告的分析工作，定期召开财务分析会议，充分利用财务报告反映的综合信息，全面分析企业的经营管理状况和存在的问题，不断提高经营管理水平。企业财务分析会议应吸收有关部门负责人参加。总会计师或分管会计工作的负责人应当在财务分析和利用工作中发挥主导作用。

（2）企业应当分析自身的资产分布、负债水平和所有者权益结构，通过资产负债率、流动比率、资产周转率等指标分析企业的偿债能力和营运能力；分析企业净资产的增减变化，了解和掌握企业规模和净资产的不断变化过程；企业应当分析各项收入、费用的构成及其增减变动情况，通过净资产收益率、每股收益等指标，分析企业的盈利能力和发展能力，了解和掌握当期利润增减变化的原因和未来发展趋势；企业应当分析经营活动、投资活动、筹资活动现金流量的运转情况，重点关注现金流量能否保证生产经营过程的正常运行，防止现金短缺或闲置。

（3）财务分析报告结果应当及时传递给企业内部有关管理层级，并根据分析报告的意见，明确各部门的职责，予以落实。财务部门负责监督责任部门的落实情况。

第二节 内部控制评价的相关知识

一、关于内部控制评价定义的不同理解

内部控制评价作为优化内部控制自我监督机制的一项重要制度安排，是内部控制体系的重要组成部分。依据《企业内部控制评价指引》的相关规定，企业内部控制评价是指企业董事会或类似权力机构对内部控制的有效性进行全面评价、形成评价结论、出具评价报告的过程。对于这一定义，可从以下三个角度理解。

（一）主体是董事会或类似权力机构

内部控制评价的主体是董事会或类似的权力机构，也就是说董事会或类似的权力机构是内部控制设计和运行的责任主体。董事会可指定审计委员会来承担对内部控制评价的组织、领导、监督职责，并通过授权内部审计部门

或独立的内部控制评价机构来执行内部控制评价的具体工作，但董事会仍对内部控制评价承担最终的责任，对内部控制评价报告的真实性负责。对内部控制的设计和运行的有效性进行自我评价并对外披露是管理层解除受托责任的一种方式，董事会可以聘请会计师事务所对其内部控制的有效性进行审计，但其承担的责任不能因此减轻或消除。

（二）对象是内部控制的有效性

内部控制评价的对象是内部控制的有效性，所谓内部控制的有效性，是指企业建立与实施内部控制对实现控制目标提供合理保证的程度。

从控制过程的不同角度来看，内部控制的有效性可分为内部控制设计的有效性和内部控制运行的有效性。内部控制设计的有效性，是指为实现控制目标所必需的内部控制程序都存在并设计恰当，能够为控制目标的实现提供合理保证；内部控制运行的有效性，是指在内部控制设计有效的前提下，内部控制能够按照设计的内部控制程序被正确地执行，从而为控制目标的实现提供合理保证。内部控制运行的有效性离不开设计的有效性，如果内部控制在设计上存在漏洞，即使这些内部控制制度能够得到一贯的执行，也不能认为其运行是有效的。当然，如果评价证据表明内部控制的设计是有效的，但是没有按照设计的那样得到一贯执行，那么就可以得出其不符合运行有效性的结论。

评价内部控制设计的有效性，可以考虑以下三个方面：①内部控制的设计是否做到了以内部控制的基本原理为前提，以我国《企业内部控制基本规范》及其配套指引为依据；②内部控制的设计是否覆盖了所有关键的业务与环节，对董事会、监事会、经理层和员工具有普遍的约束力；③内部控制的设计是否与企业自身的经营特点、业务模式以及风险管理要求相匹配。

评价内部控制运行的有效性，也可以从三个方面考察：①相关控制在评价期内是如何运行的；②相关控制是否得到了持续一致的运行；③实施控制的人员是否具备必要的权限和能力。

从控制目标的角度来看，内部控制的有效性分为合规目标内部控制的有效性、资产目标内部控制的有效性、报告目标内部控制的有效性、经营目标内部控制的有效性、战略目标内部控制的有效性。其中，合规目标内部控制的有效性，是指相关的内部控制能够合理保证企业遵循国家相关法律、法规，不进行违法活动或违规交易；资产目标内部控制的有效性，是指相关的内部控制能够合理保证资产的安全与完整，防止资产流失；报告目标内部控制的有效性，是指相关的内部控制能够及时防止（或发现）并纠正财务报告的重大错报；经营目标内部控制的有效性，是指相关的内部控制能够合理保证经营活动的效率和效果及时被董事会和经理层所了解或控制；战略目标内部控制的有效性，是指相关的内部控制能够合理保证董事会和经理层及时了解战略定位的合理性、实现程度，并适时进行战略调整。

需要说明的是，受内部控制固有局限（如评价人员的职业判断、成本效益原则等）的影响，内部控制评价只能为内部控制目标的实现提供合理保证，而不能提供绝对保证。

（三）内部控制评价是个过程

内部控制评价是个过程，是指内部控制评价要遵照一定的流程来进行。内部控制评价工作不是一蹴而就的，它是一个涵盖计划、实施、编报等多个阶段、包含多个步骤的动态过程。

二、内部控制评价的作用

企业内部控制评价是对企业内部控制制度的完整性、合理性和有效性进行分析和评定的工作，作为内部控制体系的重要组成部分，对企业来说，内部控制评价有着重要的意义。

（一）内部控制评价有助于企业自我完善内控体系

内部控制评价是通过评价、反馈、再评价，报告企业在内部控制建立与实施中存在的问题，并持续地进行自我完善的过程。通过内部控制评价查找、分析内部控制缺陷并有针对性地督促落实修改，可以及时堵塞管理漏洞，防范偏离目标的各种风险，并举一反三，从设计和执行等全方位健全优化管控制度，从而促进企业内控体系的不断完善。

（二）内部控制评价有助于提升企业市场形象和公众认可度

企业开展内部控制评价，需要形成评价结论，出具评价报告。通过自我评价报告，将企业的风险管理水平、内部控制状况以及与此相关的发展战略、竞争优势、可持续发展能力等公布于众，树立诚信、透明、负责任的企业形象，有利于增强投资者、债权人以及其他利益相关者的信任度和认可度，为企业创造更为有利的外部环境，促进企业的长远可持续发展。

（三）内部控制评价有助于实现与政府监管的协调互动

政府监管部门有权对企业内部控制的建立与实施的有效性进行监督检查。事实上，有关政府部门在审计机关开展的国有企业负责人离任经济责任审计中，就已将企业内部控制的有效性，以及企业负责人组织领导内控体系的建立与实施情况纳入审计范围，日益成为十分重要的一个部分。尽管政府部门实施企业内控监督检查有其自身的做法和特点，但监督检查的重点是基本一致的，比如大多数涉及重大经营决策的科学性、合规性以及重要业务事项管控的有效性等。

实施企业内控自我评价，能够通过自查及早排查风险、发现问题，并积极整改，有利于在配合政府监管中赢得主动，并借助政府监管成果进一步改进企业内控实施和评价工作，促进自我评价与政府监管的协调互动。

三、内部控制评价的内容

内部控制评价的内容是内部控制对象的具体化。内部控制评价的对象是内部控制的有效性，而内部控制的有效性，是企业建立与实施内部控制，对实现控制目标提供合理保证的程度。内部控制的目标包括合规目标、资产目标、报告目标、经营目标和战略目标。因此，内部控制评价的内容应是对以上五个目标的内部控制有效性进行全面评价。具体地说，内部控制评价应紧紧围绕内部环境、风险评估、控制活动、信息与沟通、内部监督五要素来进行。

（一）内部环境评价

企业组织开展内部环境评价，应当以组织架构、发展战略、人力资源、企业文化、社会责任等应用指引为依据。其中，组织架构评价可以重点从组织架构的设计和运行等方面进行；发展战略评价可以重点从发展战略的合理制定、有效实施和适当调整三方面进行；人力资源评价应当重点从企业人力资源引进结构的合理性、开发机制、激励约束机制等方面进行；企业文化评价应从建设和评估两方面进行；社会责任可以从安全生产、产品质量、环境保护与资源节约、促进就业、员工权益保护等方面来进行。

（二）风险评估评价

企业组织开展风险评估评价，应当以《企业内部控制基本规范》有关风险评估的要求，以及各项应用指引中所列主要风险为依据，结合企业的内部控制制度，对日常经营管理过程中的目标设定、风险识别、风险分析、应对策略等进行认定和评价。

（三）控制活动评价

企业组织开展控制活动评价，应当以《企业内部控制基本规范》和各项应用指引中的控制措施为依据，结合企业的内部控制制度，对相关控制措施的设计和运行情况进行认定和评价。

（四）信息与沟通评价

企业组织开展信息与沟通评价，应当以内部信息传递、财务报告、信息系统等相关指引为依据，结合企业的内部控制制度，对信息收集、处理和传递的及时性，反舞弊机制的健全性，财务报告的真实性，信息系统的安全性，以及利用信息系统实施内部控制的有效性进行认定和评价。

（五）内部监督评价

企业组织开展内部监督评价，应当以《企业内部控制基本规范》有关内部监督的要求，以及各项应用指引中有关日常管控的规定为依据，结合企业的内部控制制度，对于内部监督机制的有效性进行认定和评价，重点关注监事会、审计委员会、内部审计机构等是否在内部控制设计和运行中有效发挥监督作用。

四、内部控制评价的方法

内部控制评价的方法包括个别访谈法、调查问卷法、穿行测试法、抽样法、实地查验法和比较分析法、专题讨论法、标杆法、重新执行法等。

（一）个别访谈法

个别访谈法主要用于了解公司内部控制的现状，在企业层面评价及业务层面评价的了解阶段经常使用。访谈前应根据内部控制评价需求形成访谈提纲，撰写访谈纪要，记录访谈内容。为保证访谈结果的真实性，应尽量访谈不同岗位的人员以获得更可靠的证据。比如，分别访谈人力资源部主管和基层员工，询问公司是否建立了员工培训长效机制，培训是否能满足员工和业务岗位需要。

（二）调查问卷法

调查问卷法主要用于企业层面评价。调查问卷应尽量扩大对象范围，包括企业各个层级员工，应注意事先保密性，题目尽量简单易答（如答案只需为"是""否""有""没有"等）。比如"你对企业的核心价值观是否认同？""你对企业未来的发展是否有信心？"等。

（三）穿行测试法

穿行测试法，是指在企业业务流程中，任意选取一份全过程的文件作样本，追踪该样本从最初起源直到最终在财务报表或其他经营管理报告中反映出来的过程，以此了解控制措施设计的有效性，并识别出关键控制点。如针对销售交易，选取一批订单，追踪从订单处理—核准信用状况及赊销条款—填写订单并准备发货—编制货运单据—订单运送/递送追踪至客户或由客户提货—开具销售发票—复核发票的准确性并邮寄/送至客户—生成销售明细账—汇总销售明细账并过账至总账和应收账款明细账等交易的整个流程，考虑之前对相关控制的了解是否正确和完整，并确定相关控制是否得到执行。本方法主要用于对业务流程和具体业务的测试与评价。

（四）抽样法

抽样法分为随机抽样和其他抽样。随机抽样，是指按随机原则从样本库中抽取一定数量的样本；其他抽样，是指人工任意选取或者按某一特定标准从样本库中抽取一定数量的样本。使用抽样法时首先要确定样本库的完整性，即样本库应包含符合控制测试的所有样本。其次要确定所抽取样本的充分性，即样本的数量应当能检验所测试的控制点的有效性。最后要确定所抽取样本的适当性，即获取的证据应当与所测试控制点的设计和运行相关，并能可靠地反映控制的实际运行情况。

（五）实地查验法

实地查验法主要针对业务层面控制，它通过使用统一的测试工作表，将实际的业务与财务单证进行核对，从而实施控制测试的方法，如实地盘点某种存货。

（六）比较分析法

比较分析法，是指通过数据分析，识别评价关注点的方法。数据分析可以与历史数据、行业（公司）标准数据或行业最优数据等进行比较。比如，针对具体客户的应收账款周转率进行横向或纵向比较，分析存在异常的应收客户款，进而对这些客户的赊销管理控制进行检查。

（七）专题讨论法

专题讨论法主要是集合相关专业人员就内部控制执行情况或控制问题进行分析，既是控制评价的手段，也是形成缺陷整改方案的途径。对于同时涉及财务、业务、信息技术等方面的控制缺陷，往往需要由内部控制管理部门组织召开专题讨论会议，综合内部各机构、各方面的意见，研究确定缺陷整改方案。

（八）标杆法

标杆法是指通过与行业内具有相同或相似经营活动的标杆企业进行比较，对内部控制设计有效性进行评价的方法。

（九）重新执行法

重新执行法是指评价人员根据有关资料和业务处理程序，以人工方式或使用计算机辅助审计技术，重新处理一遍业务，并比较结果，进而判断企业内部控制执行的有效性，是一种通过对某一控制活动全过程的重新执行来评估内部控制执行情况的方法。

在实际评价工作中，以上这些方法可以配合使用。此外，还可以使用观察、检查、重新执行等方法，也可以利用信息系统开发检查的方法，或利用实际工作的检查测试经验。对于企业通过系统采用自动控制、预防控制的，应在方法上注意与人工控制、发现性控制的区别。

第三节　内部控制评价的组织与实施

内部控制评价是保证内部控制有效性的关键步骤，而内部控制评价工作的组织方式的合理性则直接关系到内部控制工作能否科学、有序开展。组织方式的得当与否取决于两个方面：其一，合理的组织机构；其二，科学、精简、高效的内部控制评价程序。

一、内部控制评价组织

内部控制评价的组织机构大致可以分为三个层次：内部控制评价的责任主体、内部控制评价的具体实施主体、其他相关部门。

（一）内部控制评价的责任主体

董事会是内部控制评价的责任主体，对内部控制评价承担最终的责任，对内部控制评价报告的真实性负责。董事会可以通过审计委员会来承担对内部控制评价的组织、领导、监督职责。董事会或审计委员会应听取内部控制评价报告，审定内部控制重大缺陷、重要缺陷整改意见，对内部控制部门在督促整改中遇到的困难，积极协调，排除障碍。

（二）内部控制评价的具体实施主体

内部控制评价工作的具体实施主体一般为内部审计机构或专门的内部控制评价机构。企业可根据自身的经营规模、机构设置、经营性质、制度状况等特点，决定是否单独设置专门的内部控制评价机构。内部控制评价机构必须具备一定的条件：①具备独立性，即能够独立地行使对内部控制系统建立与运行过程及结果进行监督的权力；②具备与监督和评价内部控制系统相适应的专业胜任能力和职业道德素质；③与企业其他职能机构就监督与评价内部控制系统方面应当保持协调一致，在工作中相互配合、相互制约，在效率效果上满足企业对内部控制系统进行监督与评价所提出的有关要求；④能够得到企业董事会和经理层的支持，有足够的权威性来保证内部控制评价工作的顺利开展。对于单独设有专门内部控制机构的企业，可由内部控制机构来负责内部控制评价的具体组织实施工作，但为保证评价的独立性，负责内部控制设计和评价的部门应该适当分离。

企业内部控制评价部门应当拟订评价工作方案，明确评价范围、工作任务、人员组织、进度安排和费用预算等相关内容，报经董事会或其授权机构审批后实施。对于评价过程中发现的重大问题，应及时与董事会、审计委员会或经理层沟通，并认定内部控制缺陷，拟订整改方案，编写内部控制评价报告，并报经董事会或类似权力机构批准后对外披露或报送相关部门；沟通外部审计师，督促各部门、所属企业对内控缺陷进行整改；根据评价和整改的具体情况拟订内部控制考核方案。

在实践中，也有组织非常设内部控制评价结构，比如组成内部控制评价小组。评价工作小组应当吸收企业内部相关机构熟悉情况的业务骨干参加。评价小组成员对本部门的内部控制评价工作应当实行回避制度。

企业也可以委托会计师事务所等中介机构实施内部控制评价，但中介机构受托为企业实施内部控制评价是非保证服务，内部控制评价报告的责任仍然应由企业董事会承担。另外，为保证审计的独立性，为企业提供内部控制审计的会计师事务所，不得同时为同一家企业提供内部控制评价服务。

（三）其他相关部门

1. 经理层

经理层负责组织实施内部控制评价工作，一方面授权内部控制评价机构组织实施；另一方面积极支持和配合内部控制评价的开展，为其创造良好的环境和条件。经理层应结合日常所掌握的业务情况，为内部控制评价方案提出应重点关注的业务或事项，审定内部控制评价方案和听取内部控制评价报告；对于内部控制评价中发现的问题或报告的缺陷，要按照董事会或审计委员会的整改意见积极采取有效措施进行整改。

2. 各专业部门

各专业部门负责组织本部门的内控自查、测试和评价工作，对发现的设计和运行缺陷提出整改方案及具体整改计划，积极整改，并报送内部控制机构复核，配合内控机构（部门）及外部审计师开展企业层面的内控评价工作。

3. 企业所属单位

各所属单位也要逐级落实内部控制评价责任，建立日常监控机制，开展内控自查、测试和定期检查评价，对于发现的问题并认定为内部控制缺陷的，需拟订整改方案和计划，报本级管理层审定后，督促整改，编制本单位内部控制评价报告，对内部控制的执行和整改情况进行考核。

4. 监事会

监事会作为内部监督机制的重要组成部分，在内部控制评价过程中起到监督作用。监事会审议内部控制评价报告，对董事会建立与实施内部控制进行监督。

二、内部控制评价程序

内部控制评价程序一般包括制订评价工作方案、组成评价工作组、实施现场测试、汇总评价结果、编报评价报告等。这些程序环环相扣、相互衔接、相互作用，构成内部控制评价的基本流程。

（一）制订评价工作方案

内部控制评价机构应以内部控制目标为依据，结合企业内部监督情况和管理要求，分析企业经营管理过程中影响内部控制目标实现的高风险领域和重要业务事项，确定检查评价方法，制订科学合理的评价工作方案，经董事会批准后实施。评价工作方案应当明确评价主体范围、工作任务、人员组织、进度安排和费用预算等相关内容。评价工作方案既可以以全面评价为主，又可以根据需要采用重点评价的方式。一般而言，内部控制建立与实施初期，实施全面综合评价有利于推动内部控制工作的深入有效展开；内部控制系统趋于成熟后，企业可在全面评价的基础上，更多地采用重点评价或专项评价，以提高内部控制评价的效率和效果。

（二）组成评价工作组

评价工作组是在内部控制评价机构领导下，具体承担内部控制检查评价任务，内部控制评价机构根据经批准的评价方案，挑选具备独立性、业务胜任能力和职业道德素养的评价人员实施评价。评价工作组成员应当吸收企业内部相关机构熟悉情况、参与日常监控的负责人或业务骨干参加。企业应根据自身条件，尽量建立长效的内部控制评价培训机制，培养内部控制评价专业人员，让他们熟悉内部控制专业知识及相关规章制度、业务流程及需要重点关注的问题、评价工作流程、检查评价方法、工作底稿填写要求、缺陷认定标准、评价人员的权利和义务等内容。

（三）实施现场检查测试

首先，充分了解企业文化和发展战略、组织机构设置及职责分工、领导层成员构成及分工等基本情况；在此基础上评价工作组根据掌握的情况，进一步确定评价范围、检查重点和抽样数量，并结合评价人员的专业背景进行合理分工（检查重点和分工情况可以根据需要进行适当调整）；其次，评价工作组根据评价人员分工，综合运用各种评价方法对内部控制设计与运行的有效性进行现场检查测试，按要求填写工作底稿、记录相关测试结果，并对发现的内部控制缺陷进行初步认定。评价人员应遵循客观、公正、公平原则，如实反映检查测试中发现的问题，并及时与被评价单位进行沟通。由于内部控制通过纵向检查测试流程，因此工作中各成员之间应该注意互相沟通、协调，以获得更有价值的发现。

（四）汇总评价结果

评价工作组汇总评价人员的工作底稿，初步认定内部控制缺陷。评价工作底稿应该进行交叉复核签字，并由评价工作组负责人审核后签字确认。评价工作组将评价结果及现场评价的结果向被评价单位进行通报，由被评价单位相关责任人签字确认后，提交企业内部控制评价机构。

（五）编制企业内控评价报告

内部控制评价机构汇总各评价工作组的评价结果，对工作组现场初步认定的内部控制缺陷进行全面复核、分类汇总，对缺陷的成因、表现形式及风险程度进行定量或定性的综合分析，按照对控制目标的影响程度判定缺陷等级；内部控制评价机构以汇总的评价结果和认定的内部控制缺陷为基础，综合内部控制工作整体情况，客观、公正、完整地编制内部控制评价报告，并报送企业经理层、董事会和监事会，由董事会最终审定后对外披露。

（六）报告反馈与追踪

对于认定的内部控制缺陷，内部控制评价机构应当结合董事会和审计委员会的要求，提出整改建议，要求责任单位及时整改，并跟踪其整改落实情况；已经造成损失或负面影响的，企业应当追究相关人员的责任。

第四节　内部控制评价体系及其构建

内部控制的有效性对于保证企业健康发展至关重要，企业组织形式日趋多元化、组织结构日趋复杂化，内部控制在企业管理中所发挥的作用也越发突出。加强内部控制方面的研究在国际上成为一种潮流，发起委员会 2004年 9 月发布《企业风险管理——整合框架》，将企业风险管理思想纳入内部控制评价体系中，并以此构建出以风险管理为导向的 ERM 框架。

一、我国内部控制评价制度建设

我国于 2008 年出台了《企业内部控制基本规范》，随后于 2010 年发布了与之配套的《企业内部控制配套指引》（包括《企业内部控制应用指引》《企业内部控制评价指引》和《企业内部控制审计指引》），标志着适应我国企业实际情况、融合国际先进经验的中国企业内部控制规范体系基本建成。

《企业内部控制评价指引》从内部控制的内容、程序，内部控制缺陷的认定和内部控制评价报告几方面对企业内部控制进行了规范。

《企业内部控制评价指引》指出，企业内部控制评价应由企业董事会或类似权力机构对内部控制的有效性进行全面评价、形成评价结论、出具评价报告，且对内部控制评价报告的真实性负责。在实施过程中，应秉持全面性原则（包括内部控制的设计、运行，涵盖企业全部机构的所有业务和事项）、重要性原则（在全面基础上关注重要业务单位、业务事项和高风险领域）和客观性原则（准确揭示经营管理风险状况，如实反映设计、运行有效性）。同时，企业应根据自身情况，结合《企业内部控制评价指引》规定，制定具体的内部控制评价办法，明确机构和岗位权责，有序开展内部控制评价工作。

企业应根据《企业内部控制基本规范》《企业内部控制应用指引》和本企业内部控制制度为依据，借鉴COSO内部控制框架，围绕内部环境、风险评估、控制活动、信息与沟通、内部监督等要素对内部控制的设计与运行进行全面评价。

在内部环境评价中，应以组织架构、发展战略、人力资源、企业文化、社会责任等应用指引为依据；在风险评估机制评价中，应以《企业内部控制基本规范》中对风险评估的要求及各应用指引中所列主要风险为依据；在控制活动评价中，应以《企业内部控制基本规范》和各项应用指引中的控制措施为依据；在信息与沟通评价中，应以内部信息传递、财务报告、信息系统等相关应用指引为依据，对信息收集、处理和传递的及时性，反舞弊机制的健全性，财务报告的真实性，信息系统的安全性，以及利用信息系统实施内部控制的有效性等进行认定和评价；在内部监督评价中，应以《企业内部控制基本规范》对内部监督的要求以及各项应用指引为依据，重点关注监事会、审计委员会、内部审计机构是否在内部控制设计和运行中有效发挥监督作用。以上要求均需结合企业具体内部控制制度，对各要素设计和运行的有效性进行认定和评价。

在具体开展内部控制评价工作过程中，应形成工作底稿，详细记录企业执行评价工作的内容。工作底稿应包括评价要素、主要风险点、采取的控制措施、有关证据资料以及认定结果等。工作底稿应当设计合理、证据充分、简单易行、便于操作。

综合《企业内部控制基本规范》与《企业内部控制配套指引》可以看出，我国对内部控制的建设、评价和披露给出了建设性的意见，为企业进行相关活动提供了方向和参考，然而，这些法规更多地倾向于概念、框架、规范条例等的描述，因此如何构建一个合适的评价体系来发现企业内部控制中所存在的缺陷与不足，就显得尤为重要。

二、超循环理论与企业内部控制评价

（一）超循环理论的观点

20 世纪 70 年代，诺贝尔奖获得者德国物理学家曼弗雷德·艾根（Manfred Eigen）提出了关于生命起源的自组织理论——超循环理论（Hypercycle Theory），将进化方面的研究由有机整体论推向了生成整体论。

生命进化分为生物进化和化学进化两种形式。在化学进化中，无机分子逐步形成简单的有机分子；在生物进化中，无核生物逐渐演变为真核生物，简单低等生物演化为复杂高等生物。生物的进化是建立在细胞的遗传和变异基础上的，而细胞的遗传和变异则依赖于两类大分子物质：核酸和蛋白质。生物的遗传物质的载体和它们的译码方式都大致相同。译码过程则由几百种分子相互协作，共同完成。

超循环理论认为，这几百种分子需要一种"自组织"的形式将它们紧密而严谨地组织起来，促使它们完成生物遗传和变异过程。这种分子"自组织"的形式，就是"超循环"。例如，在核酸的自复制过程中，虽然核酸是自复制的模板，但该过程却不是直接进行，而是由核酸通过控制由它编码的蛋白质去影响另一段核酸的自复制。

与达尔文进化论不同，艾根研究的并非宏观上物种的进化规律，而是将关注点放在了微观分子层面。该理论认为在化学进化与生物进化之间必然有一个分子自组织阶段，完成从非生命物质到生命物质的转化的质的飞跃，并提出了分子微观水平上"拟种"的概念。

类比生物进化中的分子，"拟种"是一些关系密切的分子种的组合，该组合具有一定的概率分布组织特征。根据超循环理论，作为"拟种"的一个自复制单元（即一个催化剂）不仅能催化生成一个类似的循环，这些同层的循环还会耦合成一个更大的循环，这个更大循环又能进一步成为新的更大循环的单元，从而催生出更高层次的循环，"超循环"即指一级或一级以上的催化循环系统。以此类推，理论上可生成无穷层次自相嵌套的循环生长系统。

超循环理论指出的分子进化具有三个特点：一是自选择，突变体会通过自我复制进行自我选择，类似于"正反馈"的放大作用，有益的选择越积越多，而不适应外部环境的突变体便会被淘汰，突变体通过这种方式打破原有系统的平衡；二是自组织，当突变体达到一定数量时，它们便会进行内部的相互竞争与自我协调，功能慢慢耦合而形成负反馈体系，留优去劣，突变体自发组织起来，形成一个新的系统；三是自稳定，当新的系统形成时，进化信息在稳定间进行复制、保存、转换、传送、多重反馈，形成层层回环，通过这种功能耦合性和协同性，各个子系统之间形成更加紧密的联系，催生新共生结合体。

（二）将超循环理论引入企业内部控制评价的可能性分析

超循环理论的创建者艾根认为，超循环组织不仅存在于生物系统中，在社会系统中也存在。作为一个比较新的学科，虽然提出的时间较早，然而如何利用超循环理论解决现实中的问题是近些年才受到学者关注的。

以超循环理论角度构建内部控制评价体系基于下列三个原因：

一是内部控制评价系统是一个不均衡的系统。由于内部控制以及相关评价的实施都要受到企业内各种势力的约束与制衡，内部评价系统在建立初期并不能达到最佳效果。评价系统中突变的形成实质上是各种势力进行博弈的过程，这种博弈只有在不断的"正反馈"中才能最快达到良性的平衡。

二是信息的传递在评价体系中是十分重要的，然而信息在系统中的传递并不是线性的，企业信息具有很强的随机性和模糊性，企业在建立和完善评价系统时需要去除偏离、错误的信息。这就要求企业学会自我甄别与自我调整，利用自身的功能耦合性与协同性将信息有效地整合起来。本章将企业内部控制运行看作一种虚拟信息的流通，相关评价系统的建立要依托于信息流动过程。

三是一个优秀的自我评价系统是可以自我优化与发展的，这与"拟种"的自组织与自稳定十分相似。评价系统通过自身调节机制，是可以去适应企业内外部环境不断变化的。在持续的发展中，评价系统可以进行整体性的协同进化，容纳外部环境的多样性与复杂性，从而向更为有序、更加合理的系统转变。

　　然而，企业内部控制评价是一个复杂的系统，仅从某些具体要素指标（评价指标和技术等）出发进行企业内部控制评价会导致孤立、片面，评价结果会失去公允性、权威性；而从系统的角度来分析企业内部控制评价才是恰当选择。超循环理论正是从系统的角度，既关注局部又关注整体，既关注静态又关注动态，从而，基于超循环理论对企业内部控制进行评价是可行而科学的。

三、内部控制评价体系构建的步骤

　　结合超循环理论和内部控制的基本知识，我们将内部控制评价体系的构建分为外循环层面、内循环层面和自循环层面三个步骤。外循环层面为企业内部控制与其所在的外部环境的交互作用，内循环层面为企业内部控制自身的设计有效性和执行有效性，自反馈层面则是各小循环之间——在企业实务中更多地表现为管理层与员工之间的交互作用。

　　下面就三个层面展开具体论述，并得出启示。

　　（一）外循环层面

　　外循环指的是企业内部与外部交互的过程。作为一个非封闭式的系统，评价系统要想健康存在，必然要和外部环境进行物质交流与信息传递。利益相关者理论指出，企业作为一个整体，并不为某个特定主体服务，企业的存在和经营管理应是广泛参与的结果，企业的发展离不开任何一方的支持和制约。因此，作为企业经营管理的手段、企业目标实现方式的内部控制，自然要受到政府职能部门以及注册会计师等外部人员的监督与审计。然而内部控制评价体系的建立并不以迎合外界的监督为目的，一个良好的内部控制评价系统应当以提高自身经营效率、实现企业各层次经营目标为导向。企业的自身资源是有限的，评价系统关注的正是如何调整内部控制体系，使企业从外部环境中获取更多的利益。

　　外部环境为企业提供了一种情景约束，社会的经济走向、政府的政策要求、消费群体的喜好变化等都是企业在进行内部控制评价时要着重注意的。对于外部环境，企业更多要做的是在认识的基础上顺应与利用。而内部控制则主要是将自身的价值取向反馈给外部环境，这种价值取向是一种理性层面的行为取向。企业构建评价体系的目的是什么、怎么做、做得怎么样，将会在很大程度上影响外部监管方对企业的认知。当外部监管方对企业具有认同感后，一些内控措施的实施可以节省较多成本。体系可以摆脱它在起源时所需的先决条件，并能够在一定程度上按照自己的利益改变生存条件。

企业对于外部的影响总是存在的，例如，企业实务中出现的新的经济形态、经营模式、缺陷乃至丑闻，提高了相关领域乃至整个经济体热度、推动相关法律法规的完善等。关键在于，企业对其所在的外部环境影响的程度有多大，要看企业自身对于利用评价系统调整内部控制进而弥补自身缺陷的重视度。

外部环境与内部控制共同影响了评价系统的构建，企业自身状况的不同决定了两者的权重在每个企业中也不会相同，但细节上的吹毛求疵只会误解评价系统的初衷。我们要做的是保持两者在一定范围内协调一致，促进整个评价系统迅速达到优秀的状态。

（二）内循环层面

在对评价体系进行初步的构建后，要对体系进行一系列的测试与检验，以保证体系更好地运行。这一过程的进行主要集中在企业的内部，我们将其定义为内循环层面。结合超循环理论，下面将分三个部分介绍企业内部控制评价体系的内循环层面。

1.检测评价体系设计是否合理

检测评价体系的设计是否合理主要从两个方面进行：第一，评价体系设计的框架是否完善；第二，自我评价所包含的要素是否完备。一个合理评价体系框架必然具备完善的流程以及合理的模型，在进行内部控制评价时，必然要以流程为导向、以模型为依托。流程进行的顺畅程度十分重要，在此前提下该流程是否有必要的反馈系统、能否形成循环结构都是我们需要考虑的。

对于一个模型而言，现实的契合度与可操作性同等重要。企业的规模、经营特点、组织架构、风险偏好等各方面均存在差异，其实行的内部控制体系也不尽相同，因此，最好的评价体系并不是"放之四海而皆准"的评价体系，而是最适合企业自身特点和发展战略的评价体系。

内控评价体系中的模型并不一定是定量的，也可以是定性的。某个特定系数并不一定要十分清晰，只要能够准确地比较分析出企业内控方面存在的缺陷与不足，便是一个成功的模型。但是模型的设置一定要能够与现实很好地结合起来，一个脱离现实基础而空谈理论意义的模型，显然是本末倒置的。

各个公司的具体情况千差万别，在进行外部监管与审计时无法确保每个点都能得到满足，所以外部监管主要是以目标管理为导向的，看重结果、轻描过程、保证评价过程的经济性。对于某一公司的内部控制评价，对象是确定的，目标管理无法满足企业对细节方面的把握，因此应采用要素评价法。评价要素主要包括评价主体、评价客体、评价目标、评价范围、评价标准、评价程序、评价方法等。评价要素之间并非单一独立的，而是相互影响的。譬如，评价主体会对评价目标产生影响，在界定评价目标时，不同评价主体侧重不同。外部评价主体主要侧重于企业的报告目标、合规目标，对企业是否按要求进行了信息披露、是否按规范约束行为等方面予以关注。它虽然也关注企业的经营目标，但是由于信息不均衡等问题的存在，必然无法将重心移过来。

与此相反，企业内部评价主体，如企业的内审部门、管理层、其他员工等，侧重点主要在企业的经营目标。企业的经营情况与他们的自身利益息息相关，他们也拥有对于企业发展现状与前景更为真实的信息，易于作出判断。而为了经营目标的顺利实现，内部主体也应关注企业的战略目标，企业的行为是否与自身的战略目标保持一致，这关系到企业经营业绩的好坏。张先治[1]将《企业内部控制基本规范》中的内部控制目标归为四个，即战略目标、运营目标、报告目标、遵循法律法规目标，不难看出这四个维度是按内

---

❶ 张先治，张秀烨.制定《内部管理控制规范》的价值与整体构思[J].财经问题研究，2004（8）：66–73.

控评价主体所划分的。评价范围的大小取决于评价主体的选择，评价范围的不同也会对评价程序与方法造成差别。上述要素之间是相互联系的，当其中一项变化时，其他要素也随之变化。每项要素都是一个小系统，而每个小系统都与其他系统互相传递信息，不断相互适应与改变，形成一个稳定的要素体系。这就要求我们在完善内部控制评价体系时要秉承权变的原则。在优化某一要素时，照顾到其他要素的变化，从系统的整体角度来看待问题。

2. 检测评价能否执行

在设计被评价为合理后，下一步将对评价系统执行的状况进行分析，这项分析分两个步骤进行。

（1）比照规范内部控制制度与所指定公司实际制度情况的差异。如我国2008年的《企业内部控制基本规范》将企业有效内部控制的要素分为五种：内部环境、风险评估、控制活动、信息与沟通和内部监督。我们要分析内部控制设计是否包含了所有的要素，弱化某种要素的原因是什么，以及弱化某种要素带来的结果等问题。企业需要树立一个标杆，这个标杆既可以是前边提到的基本规范，也可以是其他已经成型的控制系统。不断地对选取的标杆进行比照、学习，同时结合自身情况，查找两者之间的差异，内部控制系统才能不断地完善。这是一个企业自查的过程，企业在这个过程中积累的经验可以被很好地传承。但在选择标杆的时候要注意类似标杆只能有一个，因为我国内控方面的规范体系尚未成熟，规范之间还有相互矛盾的方面，选择多个标准必然会使企业无所适从。

（2）研究该评价体系是否对可能出现的状况进行了风险管理。COSO于2004年提出 ERM 框架，该框架进一步扩展了内部控制的内涵，引入了风险的概念。该评价体系是否能够对可能出现的事件进行预测，又能否对那些可能给企业带来损失的事件做出合理的预防？企业要对未知事件的发生加以控制，然而错误并非不能被容忍，在一定程度上，一些错误的发生是必然的。首先，错误的产生能够暴露出整个系统的不足；其次，某个事件的发生也许现在对企业是不利的，然而随着时间的推移，这个错误有可能转变为对企业有益。在这个层面上，把这些非常规事件看作超循环中的突变反而更为合适。企业需要为这些突变设计一个值，即一个度。当超过这个度时，企业才加以干涉；而在这个度内，突变的产生是能够被接受的。企业所需要做的是筛选出对系统有益的突变，并引导它们形成一个交互共存的系统。

3. 体系执行是否有效

接下来需要判断这项体系是否对企业的长期发展有益。企业短期的业绩提升必然给企业的各方带来兴奋感，然而企业大多数行为并不是仅有一次，而是循环往复的，是一个重复博弈的过程。一些企业利润的迅速提高是由于需求的暂时高涨，而非自身核心竞争力所带来的。该企业的内部控制体系在当前会获得很高的评价，然而这种内部控制评价或许是完全错误的，这就要求对内部控制体系的评价要消除外生性的影响。同样，企业短期效益突然降低也并不一定说明内部控制是无效的，譬如，可能是受到宏观政策的调控等，这时要判断的是内部控制是否给企业减少了损失，减少的程度又有多大。因此，内部控制评价体系应当对企业长期而非一个时点的内部控制进行评价。

同时，在评价内控体系时，不仅要从横向上整体布局，也要注意时间上的连续性。需要对企业内控执行方面的信息进行汇总，在内控体系执行一个周期后，再次回到"设计是否合理"这一步骤。针对此时发现的一些新问题，体系会做出一些设计上的修改，以保证内部控制在下个周期执行的顺畅性。

应当注意的是，内部控制的有效性应当是管理层能够提供合理保证的有效性。由于企业自身的固有特质和未来环境发展的不确定性，所以内部控制并不能一贯地保持企业目标的实现。COSO 在 2004 年的整体框架中指出，合理保证并不是百分之百的保证。它应当是"一个判定区间"，它的上限是100%，下限是根据企业或管理层风险偏好确定的不确定数值。

（三）自反馈层面

超循环理论表明组织内部处处有循环，而小的循环又通过层层转换、多层回环形成新的大循环。前面各个小层次间的信息交流与反馈将本层次自选择、自组织、自稳定连接成一个小循环，而在外循环与内循环间也存在着一个反馈机制，它将两个大循环有机地交互起来，形成一个更大层次的循环，自循环正是这个大循环。

管理层与员工是自反馈层面最主要的参与者，他们对内部控制最为了解，他们的个体特征与个人行为是我们所不能忽略的。内控评价时，首先要做的是消除参与者的抵触心理；其次，不同工作性质与不同工作环境下的员工对一项控制的评价也不相同，这是因为内控的进行往往改变了原有的利益分配方式；最后，防止评价者与被评价者串谋，影响评价工作的正常进行。反馈不仅包括管理层、员工向上的反馈，而且包括内控体系对于员工的反馈与奖惩。

依据以上三个层面构建内部控制评价体系是一个由上及下的过程，层次的范围越来越小，进行评价的主体越来越集中。同时，这三个层面的运行也是一个由模糊到清晰的过程，外循环层次只能在一些条条框框上对评价体系做出构建，内循环层次则落实在企业的执行层，而自反馈层次则将体系在管理层和员工身上更为清晰地表现出来。自反馈层既是整体中的承接层，也是另外二者的转换层。三个层次依次交替的过程便是评价系统进行与优化的过程，三个层次的目的虽然各不相同却不相悖，把握保证内控有效进行这一主线共同为评价系统服务。这就是"超循环"的协作精神在企业内控中的体现。

（四）基于超循环理论的内部控制评价体系对企业的启发

1. 保持内外循环的畅通性和平衡性

无论是内部循环还是外部循环，保证循环有效进行的基础在于保持系统内信息传递的及时性。可以在系统内设立专门的机构或者个人去接受、处理、分析信息，而该机构的大小或者说人数的多少完全取决于系统中信息的流通程度。同时要保持内循环和外循环的平衡，循环单元之间是互利的，内循环与外循环之间也是互利的。当对一个循环的关注程度远超过另一个循环时，整个交互过程便会失衡，资源也会从较弱循环自发流出。企业的成败取决于短板的长度，只有两个系统和谐统一、共同优化，企业才能长久健康地发展。

2. 控制突变，保持系统的有序性

对于一个稳定、成熟的系统，改变一些框架甚至细节的尝试都会遭受很大的阻力，这种阻力首先来自系统规律前进形成的一种惯性，要打破惯性，就要施以摩擦；其次来自全体员工试图维持的一种安逸感。而正是由于内部控制评价系统是一个动态的系统，突变会在系统的运行中不断产生。根据超循环理论，对于正在突变中的系统调控具有正反馈的放大作用。当试图对评价系统做出一些改革与创新时，系统的突变便是一个很好的机会。评价体系中子系统间的交互是非线性的，可以利用放大机制人为地去制造一些反馈回路，同时要降低不确定性因素对整个系统的影响。任何事物在没有控制的情况下总是熵增的，即从有序变为无序。当熵增到一定程度时，评价系统便会产生混乱，所以在利用突变时也要进行合理控制。一个系统有自己的新陈代谢系统，一个新的有效机制形成时，旧的机制便会被代替。在产生突变时，要引导系统去排除一些不安定的因素，为新的突变提供检验空间，在总体上保持系统的有序性。

3. 整体优化、动态管理

超循环理论虽然关注于"拟种"层面生物的进化，却是从整体的角度进行阐释。我国许多企业内部控制并没有很好推广开来的原因，并非内部控制体系存在较大问题，而是在于内部控制会给企业带来巨大的成本。当企业进行内控获取的收益小于或略高于开展内控所带来的成本时，企业是不会进行内部控制的。内部控制不被进行，内部控制的评价也就无从谈起。所以，不应该注重于一个部门的利益，而应该从企业整体乃至企业长期发展的角度来看待此类问题。一个部门的收益降低，却为企业带来了整体利益，那么这个系统便是有效的，当然要在一定程度上给受到损失的部门以补偿。除了在横向上注意评价系统的整体性外，还要在纵向上保持评价系统的动态平衡。评价的进行并不是单独、分割的，在各个小系统之间具有时间上的并存性，这种个体时间的并存性与个体时间的延续性构成了整个系统的动态性。

第六章　内部控制信息化建设实践研究

第一节　企业内部控制信息化建设

一、企业内部控制信息化建设的意义

企业的内部控制信息化建设是通过信息化管理体系的优化，让企业的各项内部控制要求嵌入信息系统中，并借助信息系统分析企业各层级人员的权责，加强各部门之间的沟通，能够有效提高信息处理的效率，控制管理工作中存在的风险。内部控制信息化建设是企业内部控制工作发展的必然趋势，能够有效提高企业的内部控制水平和经营管理效率。

二、企业内部控制信息化建设中的问题

（一）控制环境不完善

内部控制信息化与企业传统的内部控制有较大差异，但是很多企业的成员不了解信息化管理的具体要求，管理流程还存在一定的问题，在工作过程中没有形成简洁高效的管理体系，各层级人员的岗位职责没有得到有效的管理，人员的工作权限没有得到有效的制约，可能产生舞弊风险。

（二）信息系统的安全控制不到位

在信息化管理的背景下，企业的各类数据都在信息系统中储存，如果信息系统管理不当，企业的数据可能会被非法获取或篡改，将严重影响企业的发展。部分企业没有完善各项信息管理的工作流程，即使内部的人员违规操作也很难被查出。

（三）数据的质量不高

在信息化管理模式下，企业内部控制效果在很大程度上取决于数据的质量，但是很多企业的数据质量不高，录入的数据存在一定问题，可能影响企业正常开展管理工作。

（四）人员素养不足

企业进行信息化建设，要求人员具有专业素养，确保内部人员能够了解信息化管理工作的具体要求，但是很多企业的人员缺乏专业素养，无法适应信息化下的工作。

（五）业务流程不科学

在信息化管理模式下，企业业务流程也发生了较大改变，比如，授权审批实现了信息化控制，但企业人员的组织架构难以随之优化，很多企业没有结合信息化操作的要求完善授权审批体系以及会计组织架构，工作中存在明显的风险。

（六）审计模式不科学

在信息化下的审计模式需要完善审计机制，分析各类工作开展的稳定性与合理性。但是很多企业的审计工作没有适应信息系统的要求，还以传统的审计方法为主。

三、企业内部控制信息化建设的对策

（一）完善控制环境

1.完善岗位分工机制

在信息化下的内部控制体系，需要确保各层级人员实现有效的分工，借助信息系统实现对各项管理工作的高效管控。企业内部的成员需要梳理自身的工作职责和权限，落实各项工作的分工要求，明确各岗位的工作职责，以确保企业的内部控制体系有效实施，并通过改进企业的信息沟通机制，提高信息管理效率。在信息化的管理模式下，企业的管理工作重点有了转变，企业内部各岗位要形成高效的分工和清晰的权责边界，明确各层级人员的工作要求，以保障财务信息化工作得到有效实施，针对企业内部控制工作中的各环节进行优化处理，结合信息技术明确各层级人员的工作要求，以保障企业的组织架构能够适应信息化的要求建设。企业需要结合自身的管理实际，对企业信息化管理模式下的各岗位工作进行优化，以提高企业信息系统运行的有效性。在进行人员设置时，企业需要对各岗位的工作职能进行梳理，结合定岗定编计划形成岗位说明书，以岗位说明书对岗位进行有效约束，规范各岗位的责任。企业也需要结合自身的特点，分析业务能力等方面情况，建立简洁高效的管理机制，从而提高企业的整体管理水平，改进企业的风险管理能力，建立标准、高效的现代化管理体系，实现对企业内部各岗位的有效分工，防范由于管理机制不科学导致分工不合理的问题。同时企业在内部要建立统一管理、简洁高效的管理机制，提升内部全体成员的工作能力，建立标准、高效的现代化管理体系，明确各层级人员的权责分工要求，在企业内部建立清晰的管理格局。此外，企业在发展过程中也要积极向员工培训信息化技术操作技巧，由信息部门定期对员工开展培训，以保障企业的信息系统得到稳定运作，为企业管理体系的优化提供保障。

2. 建立信息部门

在信息化的内部控制体系下，信息系统对企业而言至关重要。为了满足信息化管理工作的要求，企业应建立专门的信息部门，由信息部门负责对企业信息系统开展管理，实现对内部资源的有效处理。企业信息部门人员的专业能力对企业的管控机制而言至关重要，信息部门的人员需要形成专业的管理体系，从企业的全方位、多角度对各环节信息进行管理，从而有效提高企业的信息化管理水平，帮助企业在激烈的市场竞争中占据有利地位。信息管理工作涉及企业的各部门和各岗位，对企业而言至关重要，信息部门的人员需要提高自身专业能力，以促使企业的信息系统稳定运作。在确定岗位职责方面，企业需要对各岗位的工作权责进行规范，让各层级人员了解自身工作权限，并结合企业的人力资源配置机制，促使信息管理更加高效，为企业内部控制工作的优化奠定基础。

（二）强化信息系统安全控制

1. 建立健全计算机网络体系

计算机网络作为会计信息化发展的必要条件，其运行的有效性对信息技术发展有重要的影响，信息管理的目标是集成企业的各项信息，并实现对信息的高效沟通与交流，通过信息的有效管理为信息技术开展提供支持，确保企业的各环节数据能够得到高效传递。在信息化的要求下，企业应建立完善的信息化管理机制，以满足数据传递的要求。企业在内部需要建立内联网，集成企业内部不同部门的数据，以满足信息化管理工作要求。同时企业需要加强外联网建设，与客户、供应商建立信息沟通的渠道，让企业能够及时与客户、供应商进行信息交流。

2. 加强软件维护

企业各部门需要提高软件安全意识，确保企业的各类软件都得到有效管理。企业在开展各项软件操作时，操作必须留痕，通过建立操作日志的方式以便于及时查询相关信息，并通过明确各层级人员对数据的查阅与操作权限，避免越权操作信息系统的问题。企业通过建立网络安全防火墙等方式，能够实现对内部人员工作机制的有效监管，并通过事前定义的管理规则，结合身份认证、内容检查等方式实现对数据使用和查询的有效管理，防范恶意篡改数据或非法获取数据等方面问题产生的可能性，实现对企业内部数据的严格管控。同时企业的各部门也需要高度重视计算机安全，在工作过程中不随意安装软件，以确保企业的网络环境得到有效管理。

3. 优化系统安全建设

在信息系统建设中，企业需要对财务数据实行双备份机制，以保障企业的信息能够安全、完整，提高内部控制的水平，促使信息系统更具安全性和稳定性。企业还要设置各部门人员对信息系统的访问权限，建立登录日志和操作日志，针对各岗位操作进行全面监控。同时企业需要加强防火墙建设，以保障企业的信息系统不会被黑客攻击，并定期开展对系统的杀毒，以防范系统被攻击的可能性。

（三）开展数据质量治理

企业要定期对数据质量进行分析，分析数据的可靠性、完整性，以此提高企业内部控制质量。因此企业需要健全数据治理机制，结合数据管理的效果对员工开展考核，并以此改进信息化管理水平。

1.明确数据管理责任

首先，企业各部门在工作中，需要结合工作规划明确数据质量的目标，避免在工作过程中人员随意录入信息或随意处理信息的问题。企业要明确各类数据质量的责任人员，若数据在上传过程中出现问题就需要对相关人员进行追责，防范人员推卸责任的问题。其次，企业需要对数据管理进行考核，分析企业数据治理工作的效果，并结合企业的实际特点，分析数据管理工作中存在的问题，以及时解决存在的问题。

2.完善企业的数据标准管理体系

企业的数据标准管理体系，需要在数据标准的执行、维护等环节健全管理机制，建立完善的标准，确保企业的数据更加具有时效性和准确性。企业需要根据自身的情况，站在企业的整体角度，由数据使用者、管理者等成员明确各类数据的质量要求。同时，企业需要针对数据质量建立考核制度，明确量化的考核指标，通过对数据质量开展考核，提高数据管理水平，并以此改进企业管理效果。

（四）加强人才培养

人员是企业内部控制工作的基础，企业内部控制是以人员为支撑的，只有人员发挥应有的价值，才能确保企业的管理更加高效。为了改进企业的管理机制，需要加强对人员的培训，并促使人员能够更好地配合企业的管理流程。

1.企业要加强对人员的培训

在企业开展内部控制信息化的过程中，系统各模块都有一定的差异性。企业在对人员进行培训时，需要结合各部门工作特点加强对各部门人员信息系统操作的培训，让人员认识到不同部门、不同岗位的人员管理要求都有一定差异。企业要通过建立有针对性的培训机制，为不同层级人员建立合理的培训计划，使企业的培训工作更加合理。其次，企业要调动人员参与培训的积极性，培训作为企业内部控制工作的重要一环，不仅需要由企业内部经验丰富的人员开展培训，还需要向外界聘请行业专家等人员到企业内部培训，从而让企业的员工创造更高的价值。

2. 健全企业的人员管理体系

为了让企业的人员认识到内部控制工作的要求，企业需要建立全方位的人员管理制度，通过薪酬管理制度等机制鼓励员工创造价值，提高管理效率，从而为企业的发展提供支持。同时，企业需要让员工进行轮岗，通过轮岗的方式能够让员工了解其他部门的工作实际。在信息化的管理模式下，如果没有进行轮岗，员工的综合素养将难以有效提高，不利于实现对各岗位的监督。企业通过轮岗机制，能够有效提高人工专业素养，防范由同一人长期在同一岗位工作产生风险的可能性。

（五）改进业务流程

1. 改进企业的授权审批控制

企业的授权审批控制要确保企业的各类工作都经过审批才能开展。授权审批控制在信息系统下包括自动审批和人工审批两种形式，对频繁发生且审批要求比较明确的，可以通过自动审批方式开展审批。例如，对企业频繁发生的费用报销等工作，可以由信息系统自动分析相关费用的支出是否在预算范围内，对超预算的信息系统自动退回。人工审批只是对不经常发生的工作进行审批，例如企业在开展固定资产采购时，需要由人员逐级分析固定资产采购的必要性以及固定资产采购价格的合理性，并在此基础上由人员开展审批。同时，企业需要优化授权管理制度，明确授权管理的流程，确保企业授权管理工作实现规范化管理。在授权管理的过程中，需要确保流程清晰、各节点合理，以促使企业的授权工作合理化。通过对授权管理工作进行细致管控，确保授权工作得到有效的管理，促使信息系统的数据更加安全。

2. 优化企业的会计组织

传统模式下会计人员需要处理大量的数据；在信息化模式下，核算等基础工作可以由信息系统完成，企业需要优化原有的组织架构模式，通过优化管理流程、调整岗位配置等方式改进财务部门的组织架构。首先，在信息化管理体系下，企业的财务部门需要配备专门的数据录入员，负责录入原始数据，确保录入的数据具有准确性、时效性。其次，建立数据审核员，数据审核员负责审核相关数据的准确性，结合自身的工作规划确保数据更加准确，为企业信息化管理工作的开展奠定基础。再次，企业需要成立财务管理小组，财务管理小组不需要像传统的财务人员开展基础核算工作，而是需要分析和监督各项工作，从事后核算转向事前管理，能够参与到企业的各项业务流程中，为企业管理工作开展提供支持。最后，企业需要建立系统小组，系统小组需要对企业会计信息系统的运作情况进行分析，判断信息系统的管理流程和管理实际，针对信息系统中存在的问题及不足之处制订解决办法，以提高信息系统运作的效率。

（六）完善审计模式

1.完善审计系统

企业的审计要发挥应有的作用，就需要形成风险导向的审计机制。风险导向的审计机制需要结合企业内部存在的风险点环节进行重点审计，并通过对风险分析形成对各类风险的梳理，在此基础上判断各类风险可能给企业带来的影响。风险评估需要按风险发生的可能性和影响程度进行分级管理，帮助企业制定规避风险的方式，并以此明确审计的重点环节。

2.提高审计工作效率

企业要提高审计工作效率，就需要确保审计适应信息化的管理机制，改进企业的审计规划，完善审计工作的效果。企业要充分发挥信息技术的作用，借助信息系统提高审计效率。例如，内部审计人员在对企业的财务工作进行审计时，仅需要分析企业的各项财务数据处理流程与管理逻辑是否合理，就可以基本判断企业的信息系统操作过程中是否可能存在违规行为，并找出问题成因，落实整改要求。

第二节　高校内部控制信息化建设

高校内部控制信息化建设目的是通过内部控制管理信息系统的建立，有效降低各项业务活动的风险，并最终实现单位经济业务活动控制机制真正落地。高等学校在内部控制信息化建设过程中，可以通过规划和建立内部控制管理信息系统，实现对本学校经济活动全过程的信息化控制。

一、高校内部控制信息化建设的必要性

（一）高校信息化是国家信息化战略的客观要求

我国《"十四五"国家信息化规划》明确提出，构筑共建共治共享的数字社会治理体系，运用现代信息技术为"中国之治"引入新范式、创造新工具、构建新模式。到 2025 年，数字中国建设取得决定性进展，国家信息化治理水平显著提升。教育部办公厅 2016 年出台的《教育部直属高校经济活动内部控制指南（试行）》指出，高校应当充分运用现代科学技术手段加强内部控制，将经济活动及其内部控制流程嵌入信息系统中，并确保各重要信息系统之间的互联互通、信息共享和业务协同。在此战略背景下，教育信息化是必不可少且非常重要的环节和内容。现阶段，不管国内还是国外，高校的信息化建设都是教育信息化的重要引领和支撑。教育要发展，必须有信息化手段作为保障，更需要国家信息化战略的规范和引导。

（二）高校内部控制信息化是提升学校管理水平的要求

通过在高校现有的信息系统中植入内部控制管理模块，让日常业务和管理活动规范化和流程化，改变高校内部经济活动"条块分割、业务割裂、信息孤岛"的局面。也可以使学校领导的管理模式由传统的日常管理向战略管理转变，集中精力处理重大问题，进一步提高管理效率。同时，高校内部控制信息系统的使用还可以实现信息的自动生成，满足日常管理相关信息的需要，有利于全程控制。通过信息系统可以实时反映高校内部控制的运行过程，实现对高校经济活动自动、实时监控，降低人为因素影响，从而促使高校内部控制有效运行。实践证明，信息化有利于学校内部控制的真正落地和有效运行，提高学校经济活动管理水平。

（三）高校内部控制信息化是内部控制有效落地的保证

高校内部控制信息系统建设，是高校内部控制建设和实施的重要支撑。使用信息化技术对高校经济活动涉及的内部管理制度、经济业务流程及控制手段和措施进行梳理，并且通过信息系统显示内部控制建设的成果，让管理

人员和业务人员都能够在系统平台上及时了解内部控制的业务流程和具体要求。在内部控制信息化实践中，可以将经济活动、控制措施和控制流程嵌入具体的业务系统，进行有机结合，实现对经济活动的信息化控制。

二、高校内部控制信息化建设的具体措施

（一）建立工作小组

高校成立内部控制信息化建设领导小组，由分管内部控制工作的校领导担任组长，审计处、财务处、资产管理处和信息中心的负责人担任副组长。小组成员由上述四个部门成员以及教务处、科研处、基建处、人事处等相关部门选派成员组成。高校各二级部门的负责人，负责本部门的内部控制信息化建设。

（二）建立良好的内部控制环境

控制环境一般包括组织机构、治理结构、人力资源、校园文化、发展规划等。高校应加大信息化建设的投入，包括基础硬件改造、基础网络建设、信息系统软件等方面的投入。此外，培养和引进计算机专业人才，重新设置岗位职责和权限。账务核算、资金支付、收费、票据、合同、资产、审计、人事、教务等都需要配备专业的计算机人员，或指定专员学习和掌握。每个系统的权限按照不相容岗位分离的原则设置。鉴于系统开发的专业性、高校人力的配备和工作效率，建议采用业务外包的形式开展开发工作，高校配备专职工作人员与外包机构联系，专职工作人员对外包机构实行全程监控、运行和维护。

（三）完善内部控制流程

所有的经济业务活动都在学习系统中完成，排除了人为舞弊的影响。采用ERP系统设计理念，对预决算业务、合同管理业务、资产管理业务、采购业务等进行系统控制。各部门人员和领导都可以登录一般业务系统，按层级授予审批权限，只有少数人可以登录特殊业务系统。

（四）定期进行风险评估和监督

单位层面的评估主要包括内部控制信息化建设的组织、实施情况，在业务层面的风险评估包括预算业务、资金收付业务、资产管理业务、采购业

务、合同管理业务、建设项目管理业务。高校应组建风险评估小组，按照风险评估程序对信息化建设进行专项评估。同时，高校应成立监督检查组，对内部控制信息系统建设和实施情况进行内部检查，并邀请独立第三方定期对内部控制信息系统进行评估。

（五）业务流程内部控制规划

1. 预算业务

财务部门在学校预算系统中发布预算编制通知，各部门根据自身发展规划编制预算，并在系统中提交预算及相关论证。学校财务部门和上级领导可以在预算系统中对年度预算的编制和执行情况进行检查，预算系统自动形成分析报告。若审批通过，预算项目及数据将转移到账务系统，并进入下一个业务流程。账务系统与预算系统对接，执行进度随时反馈给预算系统。

2. 资金收付业务

根据高校收支管理制度文件确定收支管理归口部门和职能权限，设定收支管理的不相容岗位和职责，将收支审批权限植入系统。由业务部门在系统内提出收支申请，逐级审批后，由出纳通过收付系统办理资金收付，会计在会计核算系统上进行制单、记账、结账。审计部门进行收支业务的监督检查。

3. 资产管理业务

高校资产主要分为不动产、设备、软件、图书和无形资产等。由于高校资产规模较大，可以由资产管理部门对实物资产统一监管，各部门设定一名资产管理员。但是所有部门只能共享一个资产管理系统，资产的增减最终由资产管理部门决定。为实现账户与账户的一致性，需要财务部门、资产管理部门等部门共同管控资产管理系统。

4. 采购业务

根据金额大小设置不同的采购程序：规定金额以下可由需求部门直接采购；规定金额以上的应在采购系统中提交需求。采购系统与财务系统相连接，以便控制采购业务预算支出的可行性。进入系统采购业务，然后根据金额和性质确定是否进入投标流程。采购业务最终归口由采购职能部门来确定。

5.合同管理业务

根据高校不同业务性质,如一般经济合同、科研合同、基建合同等,确定有权签订合同的职能部门。根据合同金额的不同,可以分为合同签订一般程序和简易程序。合同需求部门在系统中发起申请,根据经济业务类型推送到相关业务部门,审核通过后将金额推送到学校财务部门。合同系统需与财务系统对接,以便控制合同业务的预算支出是否可行。最后由签订合同的各职能部门统一审核。

6.建设项目管理业务

首先,进行项目立项工作,包括由基建部门在系统内提出立项申请、进行项目设计和概预算工作,学校决策机构进行立项决策,主管部门进行立项审核和规划等。其次,进行基建项目事前经济评审和采购工作,学校或者主管部门聘请专业机构进行项目事前经济评审,按照项目性质和金额,采用不同的方式实施政府采购。项目建设完成由基建部门在系统内发起验收和竣工决算,申请进行验收和决算工作。最后,由审计部门在系统内组织基建项目专项审计工作。

第三节　医院内部控制信息化建设

近年来,随着我国经济体制改革的不断深入,医疗机构的体制改革也逐步推进,这使得医疗制度的内外运行环境都发生了巨大的变化。医院作为就医服务的主体单位,要真正地肩负起公益的作用,为人民解决基本的就医问题。随着社会的不断发展,信息化建设需要紧随其上,以达到更好的辅助作用。本节就当下医院内部控制信息化建设的问题进行探讨,并提出相应的解决思路。

一、医院内部控制信息化建设存在的问题

（一）沟通渠道不畅通

沟通渠道要保持上通下达，不仅可以实现纵向交流，也可以实现横向交流。但是当下，医院有信息系统不完善的问题，内部共享的范围是有限的。对于医疗信息系统的共享能力，需要积极地借鉴国内外的先进经验，实现系统的优化与研发。如果医院不能建立良好的沟通系统，就会时常处于封闭的状态，沟通渠道的欠缺使得医院不能有良好的内部信息传递与反馈效果。有时候往往会因为信息的误差导致返工，导致工作效率的下降，这些都是影响医院内部控制以及整体发展的重要因素。

（二）信息技术发展受限

医院中专业信息技术人才缺乏。一方面，医院缺乏薪酬激励机制使得许多高层次的信息技术人员更希望去其他平台发挥自己的优势，以此获得更多的回报。另一方面，医院没有和一些信息技术公司建立长期、有效的联系，导致整个信息系统建设工作有滞后性，而且在信息内容的处理上，有很多问题无法及时被解决。除此之外，各个软件公司在医院信息的开发上，往往不是统一标准，就会导致医院的信息共享不能良好实现。总的来说，信息技术水平低下、专业信息人才的缺乏以及奖励机制的欠缺，会制约医院在内部控制上的效果。

（三）工作人员整体素质不高

医院内部控制的作用取决于管理者的实际操作水平。医院可能会缺乏专业的人力资源管理团队，对待相关工作人员的职业素养也没有充分的认知。除此之外，内部控制执行人员的素养和道德很大程度上会影响到执行的效果。控制失败的重要因素是因为内部控制操作人员有疏忽大意以及一些徇私舞弊的情况。如果医院缺乏对内部控制理论的认知，也没有对相关内容有系统的了解，很容易在实施过程中出现偏差与错误，最终影响内部控制的工作效果。而且，部分医院在内部审计上没有独立性与自主性，内部审计人员的专业水平有限，对内部审计的作用认识不足，过分强调"检查错误"，忽视"预防错误、预防舞弊"，没有发挥内部审计应有的作用。

二、医院内部控制信息化建设的优化策略

（一）强化信息沟通环境

针对目前大多数医院出现的问题，应该进一步规范医院信息系统，建立信息共享的良好服务平台。医院应根据自身的情况，不断优化对信息系统的选择，及时更新系统、升级系统。要完善医院的咨询服务、售后服务，利用信息系统为医院的服务升级做准备。医院要对各科室进行合理规划，恰当地组织医疗队伍和后勤队伍。不仅如此，医院还可以更进一步完善自身的沟通机制，通过先进的信息系统，实现部门与部门之间的信息共享。良好畅通的沟通渠道，更有利于医院上下级之间的交流与反馈。除此之外，信息系统也可以更进一步地提升工作的效率，尽可能地提升工作的准确性。好的信息系统更有助于内部审计部门及时发现运营中的问题，并对相关问题进行补救，避免出现重大的损失。建立良好的信息交流平台，可以使医院与外部的联系更紧密，也更能与时俱进地优化自身的管理。医院在信息披露以及反馈机制上要花更多的工夫，确保自己有公开化、透明化的信息，避免因为信息误差而导致出现问题。

（二）完善内部机制

为了更好地发挥审计部门的监督作用，需要保证审计部门的独立性，并配备专员进行内部的控制与监督。要想胜任内部审计岗位，首先要有专业的审计知识、技能、经验。也要保证工作是诚实守信的。对工作职能的划分要明确，做好人员的培训，进一步提升整体业务能力。除此之外，医院也应该根据自身的情况不断完善审计的方法和激励制度，有效地调动内部审计的积极性与主动性。内部审计部门的独立性要确保完整，内部审计部门从属于行政部门这一事实，将严重影响审计部门的独立性。内部审计没有独立性，一直都是医院管理中的一个旧疾，它也渐渐偏离了审计工作的本质。内部审计工作要直接隶属于医院的管理委员会，确保审计部门不会受到管理的限制，并确保它是高于其他部门的，确保工作的权威性。

只有这样，内部审计部门才能保证对内部监督的工作得到全面的审计，可以真实、有效地反映医院中的情况，对医院管理机制的有效性及时作出反

映，审计部门在履行有关的监督职能之时，也应当全面控制业务活动的各个方面，同时还应当突出重点，监督重要控制点。就医院而言，货币资金控制是最重要的控制环节。医院每天频繁地接收和支付资金，导致巨大的现金流。如果没有货币资金的重点监管，医院在运营的过程中会困难重重，还会有巨大的财务风险。在日常审计与监督工作当中，必须有风险评估环节，事发前进行控制，事后进行总结与监督，实现整体流程的优化。

(三) 强化风险体系建设

医院所面临的风险通常包括内部风险与外部风险。外部风险是指市场环境，通常有政策、市场因素、社会文化以及技术上的内容。而内部风险，通常包括医疗、财务以及管理上的风险。这些风险和医院的日常管理内容与操作是分不开的。医院是与民生息息相关的行业，因此要注重对社会利益的追求，积极地承担起扶持弱势群体的功能，也要做好应对突发事件的准备。医院与其他的机构不同，它是具有高风险的。所以，需要有良好的风险防范意识，明确管理目标，进而了解其中的风险因素。选择合适的财务指标作为风险预警指标，设置风险预警机制，通过定量分析的方式确定风险发生的可能性。利用先进的技术手段，实现常规风险预警，对于业务活动、重点项目中的各个环节进行全面而细致的分析。同时，可以鼓励医院成立风险防范小组或是管理委员会，负责对相关制度进行制定并执行。定期开展汇报工作，发现医院当前在经营过程中会出现的各种各样的风险，要根据目前潜在的内容来确定未来的工作计划，让风险防范落到实处，并对信息内容进行提前报告，根据当下的工作及发展中遇到的问题调整工作，进一步发动全员参与。在执行过程中，要采取更强有力的措施，实现医院内部控制的全面发展。注意内部控制的技术问题，采用新的方式方法，让审计工作得以创新与改进。全面地对医院的经营环境进行剖析，无论是内部环境还是外部环境，在探索医院可能面临的风险问题上，要更具有积极性与主动性。利用风险识别的方式方法，不仅要做好风险应对的准备，还要做好事前的防范工作，建立良好的预警机制，降低风险。对于正在进行的活动，也应该积极地完善有关措施，让内部审计发挥更多的作用，对各个管理方面提供全面的督促与建议，而不是简单地停留在事后纠察上。

第四节　商业银行内部控制信息化建设

信息技术的发展推动着内部控制信息化进程不断加快，商业银行便为最典型的案例。商业银行的本质决定其运营目标在于盈利，因此商业银行需要尽量规避风险，并充分确保内部控制制度的稳定，加强对风险的预测、评估等，以保障商业银行利益不受损，在正常运转中获得盈利资本。会计部门掌控着商业银行现金流的全过程，是其进行内部控制的重要部门。因此，进行会计信息化改革成为商业银行加强内部控制至关重要的举措。

一、商业银行会计信息化对内部控制的影响

商业银行中的会计部门主要包括控制环境、风险评估、控制活动、信息与沟通以及监督五大职能。因而商业银行业会计信息化对内部控制的影响可从五个方面展开分析。

（一）对控制环境的影响

美国 COSO 委员在其提出的《内部控制——整体框架》报告中明确表示，商业银行中，会计信息化发展是网络时代的必然趋势，对于商业银行内部控制而言，有助于营造良好的产业内部氛围，增加员工的自主性与话语权。但互联网的普及使得网络犯罪分子有机可乘，信息的随意性增加了犯罪的可能，信息泄密、非法获取等问题需提起注意。

（二）对风险评估的影响

风险评估是风险管理的首要条件，经过会计部门对风险的专业分析后，商业银行方能对此作出进一步的判断与选择。商业银行贷款业务的不确定性，使得风险评估尤为重要。从商业银行的日常运营可以看出，尽管计算机网络作为会计信息发展的监督手段，极大地减少了犯罪分子的非法投机行为，但随着各部门对网络信息的依赖程度不断提高，导致信息存储与传输的

潜在风险与日俱增。

（三）对控制活动的影响

此处的控制活动主要指针对上述风险项目的活动，包括风险的转移及解决，以实现产业内部的平稳运行。商业银行作为性质特殊的企业，所有控制活动均围绕金融活动开展，以具体需求为转移。商业银行为提高信息时代控制活动的效率，除需考虑本身的业务关系外，更需将信息化处理技术纳入考量。

（四）对信息与沟通的影响

在信息与沟通层面，商业银行需明确各主体的权利与任务，明确内部员工的个体职责，对所有涉及行业的信息加以整合。并且，组织内部需明确专属的沟通渠道与沟通方式，构建并执行上行、下行、横向与斜向沟通并行的沟通模式，以加强企业内部的凝聚力与向心力。同时，商业银行需提高网络时代的信息防范与甄别真假能力，而信息化处理技术的加入可在较大程度上协助商业银行内部管理更为系统、专业。

（五）对监督的影响

监督贯穿商业银行运作的全过程，网络技术的发达使得商业银行内部的部分监管成为自动性与自主性的活动，既增强了员工的积极性，也提升了企业的管理效率。与此同时，商业银行可借助信息化技术制定并完善监督体系的相关条例，并设立专门的机构加强监督，以减少甚至避免内部体系的混乱，实现商业银行的健康高效运转。

二、商业银行内部控制信息化问题的成因

（一）员工内控信息化意识薄弱

近年来，尽管商业银行内部开始广泛施行会计信息化，但部分会计部门员工对网络信息的认识与应用仅停留于表面。因此，会计员工忽略信息控制过程中的安全性问题亟待解决。同时，商业银行管理人员对安全性与内部控制的管理未予以足够重视，未发挥带头作用，从根本上为潜在风险提供了蔓延的空间。此外，作为占商业银行工作人员较大比例的普通员工，在进行内部控制工作时仅将领导的意识落实至实处，对于问题的解决并未发表自己的

见解，而多层级的问题使得商业银行内部的系统安全性存在较多隐患。

（二）内部控制机制存在不足

会计信息化常态之下，内部控制机制存在的不足之处可概括为以下几点：第一，制度设立不完善；第二，监督体系不到位；第三，具体实施未得到保障。尽管互联网背景下，利用计算机技术对数据进行分析、处理、汇总，最大程度地减少了人工的使用，既高效又经济，但在此过程中内部控制的作用也随之被弱化。

（三）系统运行存在安全隐患

会计信息化作为互联网衍生的产物，主要存在以下几点安全隐患：首先，数据的处理与存储均依靠计算机软件，若计算机出现不可逆的崩溃，数据将会缺失甚至消失。其次，计算机本身以及网络情况均对数据的研究有直接的影响，因此两者均必须时刻处于运行平稳状态。此外，在互联网环境中，计算机病毒的危害始终是一个潜在且不可避免的风险。就目前大多数商业银行的网络运行状况而言，多半系统未配置信息维护功能，一旦出现上述问题，将爆发大规模的信息安全问题，威胁商业银行的正常运营，乃至社会稳定。

（四）信息的保密性与安全性隐患

进入会计信息化时代意味着，各部门之间的信息传递依赖于互联网，需建立公司或部门专属网站，实现信息共享。因此，信息的传播在较大程度上挣脱了人为的控制，使不法分子或软件病毒有机可乘，导致数据丢失或泄露。此外，会计部门选用的信息存储工具一旦出现问题，那么信息从源头便被切断了流通的可能，商业银行的会计工作将随之受到影响。相比之下，传统模式下的会计操作之间有着明显的界限，较大程度上保护了数据不受侵犯。而会计信息化使得数据的修改变得简便且不留痕迹，并且可借助互联网进行数据的传输与交流，若出现差错，后期溯源工作将难以进行。

三、商业银行内部控制信息化完善措施

近几年，商业银行逐步意识到会计信息化改革的重要性，并相继投入实践，然而，在具体操作使用过程中，却难以避免风险带来的不可控的负面影响。因此，各商业银行应注重组织内部应对风险方法及措施，加强全过程的监督管理体系。会计信息化的完整运转离不开监督评价的环节，其既是一个流程的结束，更是下一个流程的起始。商业银行内部控制监督应形成规范且合理的体系，给予群体决策一定的权力，使得全体员工加入至组织监管中。同时，高层人员应注重下属部门之间的相互监管，实现组织内部的健康管理。此外，作为各部门的管理者，更应遵守组织规范，严禁出现不合理行为。商业银行可专门聘请测评师对风险进行评估与管理，内部各级管理层以及员工均可按部门提出意见。此外，商业银行应制定完整的纠偏制度，以及时发现并解决问题，不断完善内部机制，确保其平稳运转。

（一）加强内部审计控制，优化内部控制环境

商业银行内部审计控制受银行业专门的规范所约束，是其风险预测、评估、管理的重要后备保障。因此，为实现风险的转移，内部审计系统的重要性不言而喻。商业银行内部审计机构自研发初始便应考虑后期的投入使用，在具体操作时，更应公正合理，逐一排查，使得信息的安全性、可靠性均能够获得保障。此外，内审机构在发现问题时，应及时上报，管理层接收消息后应加紧处理。

为有效避免商业银行出现系统性风险，商业银行内部控制环境的优化可从以下几点入手：首先，对商业银行的各项业务流程进行梳理，对各节点实行统一的风险控制，加强制度治理与人为治理，逐步实现层级监管与个人自理。其次，互联网背景下的变革使得部门之间、员工之间的界限变得模糊，因此，组织之间应相互配合，减少组织结构不必要的重合，以实现组织内部的高效运转。商业银行内部控制作为一个动态过程，在内部控制过程中，需对制度的合格性、全面性以及可操作性进行充分考虑，以确保各项活动有序开展。

（二）确保系统安全运行，加强信息安全控制

对于系统网络的控制应从计算机本身入手，从研发至监管均应加强风险管理，以确保计算机在实际应用时的顺利运作，给予数据必要的安全保障。系统运行的安全监管可从以下几方面考虑：第一，对会计数据进行备份，避

免后期数据丢失带来的影响。第二，在系统开发阶段注重风险防范，增强系统的可行性与安全性；在开发运行阶段，挖掘系统最高效的运行方式，增强商业银行的软实力。第三，数据处理人员应熟练应用计算机软件，减少操作过程中出现的数据录入、输出偏差。第四，重视系统的维护工作，以确保系统长期有效地服务于商业银行以及内部信息的安全与保密性。

（三）加强会计风险管理及信息交流与反馈

会计信息化的高效运转应建立在组织内部有效的管理机制基础上，会计在商业银行整体运作中具有不可替代的重要作用，且信息的传播与交流作为其中最为重要的环节之一，员工在与客户沟通时，应注重规范沟通行为，并以具体程序为指导维持自身的专业性。同时，对于在信息交流过程中所出现的问题，应及时进行排查，以保障信息的正常流通。

综上所述，互联网的高速发展使得会计信息化在商业银行内部受到追捧，同时被应用于银行管理的各方面，使银行内部体系随之获得更新。为强化商业银行内部信息化控制，应注重会计信息化背景下的部门协调，加强各部门之间的内部控制，以提升组织运行效率，增强软实力。在未来发展中，应建立主动型风险管理模式，通过对风险的预测及时进行风险控制，同时，构建完善的信息披露机制，确保信息的安全性与透明度，积极提高从业人员的风险防范能力与应急能力，打造属于商业银行的智能内部控制。

参考文献

[1] 郭昌荣.财务会计及其创新研究——基于管理视角 [M].北京：中国商业出版社，2021.

[2] 段春明，柳延峥.财务与会计制度设计理论与实务 [M].沈阳：东北财经大学出版社，2020.

[3] 陈冰玉，张艳平，祝群.内部控制 [M].济南：山东大学出版社，2019.

[4] 夏宁.内部控制学 [M].上海：立信会计出版社，2018.

[5] 黄慧，杨扬.财务会计 [M].上海：上海社会科学院出版社，2018.

[6] 张卫平，李坤.财务会计 [M].北京：中国人民大学出版社，2018.

[7] 李海波，蒋瑛.新编会计学原理：基础会计 [M].上海：立信会计出版社，2017.

[8] 朱虹，周雪艳.基础会计：原理、实务、案例、实训 [M].4 版.大连：东北财经大学出版社，2017.

[9] 惠平，童频.商业银行内部控制 [M].北京：中国金融出版社，2017.

[10] 国际内部控制协会（ICI）.内部控制管理技能 [M].北京：企业管理出版社，2017.

[11] 周卫华.信息化环境下内部控制工程研究 [M].北京：经济管理出版社，2016.

[12] 万霞.财务会计管理 [M].北京：机械工业出版社，2016.

[13] 段海燕.财务管理学 [M].北京：电子工业出版社，2016.

[14] 王吉凤，程腊梅，王忠.财务管理 [M].北京：清华大学出版社，2016.

[15] 陈兴滨.财务管理 [M].北京：中国人民大学出版社，2016.

[16] 吴井红. 财务预算与分析 [M]. 上海：上海财经大学出版社，2016.

[17] 周庆西. 内部审计新视点 [M]. 天津：南开大学出版社，2015.

[18] 刘胜军. 企业财务管理 [M]. 哈尔滨：哈尔滨工程大学出版社，2015.

[19] 陆晓峰. 企业内部控制信息化建设思考 [J]. 商讯，2022，289（27）：76–79.

[20] 孙晓宁，杨东波. 浅谈高校内部控制信息化建设 [J]. 新理财，2022，387（9）：49–50.

[21] 何晓波，周景青，王滨元. 公立医院内部控制信息化建设与思考 [J]. 医院管理论坛，2021，38（3）：95–96+15.

[22] 胡玉玲. 商业银行内部控制信息化探讨 [J]. 现代商业，2020，567（14）：143–144.

[23] 邓仙婷. 公立医院内部控制信息化建设研究 [J]. 财会学习，2020，277（32）：197–198.

[24] 唐天路. 试析大数据环境下论企业管理会计与战略管理的结合 [J]. 全国流通经济，2020（6）：187–188.

[25] 汤谷良，张守文. 企业财务管理概念边界的再思考：兼论财务管理与管理会计内容的分离与融合 [J]. 财务研究，2017（2）：16–24.

[26] 齐迪. 移动互联网下中小企业全面预算管理信息系统的构建研究：以 A 软件公司为例 [D]. 北京：首都经济贸易大学，2018.

[27] 陈威，侯晓佼. 基于大数据的环境管理会计信息系统的信任影响因素分析 [J]. 国际商务财会，2015（12）：88–90.

[28] 孙茂竹，徐凯. 经营模式转变与管理会计研究：中国会计学会管理会计专业委员会 2014 年年会综述 [J]. 会计研究，2015（1）：90–92.

[29] 朱林，朱肖华. 大数据时代下基于云计算的企业全面预算管理体系建设 [J]. 当代经济，2018（18）：112–113.

[30] 孙玉甫，刘梅玲. "互联网+"时代的技术运用与会计转型升级：第十五届全国会计信息化学术年会主要观点综述 [J]. 会计研究，2017（2）：90–92.

[31] 胡伟，肖淑芳.环境管理会计的产生与发展：从各利益相关者在环境管理会计的发展中扮演的角色谈起 [J].科技进步与对策，2004，21（3）：141-143.

[32] 汤谷良，张守文.企业财务管理概念边界的再思考：兼论财务管理与管理会计内容的分离与融合 [J].财务研究，2017（2）：16-24.

[33] 王卉芳，丰中华."理实一体化"平台下"做学教 ABC"教学模式在会计教学中的应用研究与实践 [J].创新创业理论研究与实践，2020（1）：136-137.

[34] 王来根.基于现代信息技术环境下的会计教学模式研究 [J].赤峰学院学报（自然科学版），2016，32（2）：257-258.

[35] 冯敏.加强公立医院内部控制信息化建设的思考 [J].财会学习，2018，201（27）：223-224.

[36] 赵宇.会计信息化环境下商业银行内部控制问题探讨 [J].财会通讯，2016，694（2）：112-115.

[37] 郝菊玲，郭静.浅论高等学校内部控制信息化 [J].中国乡镇企业会计，2015（8）：201-202.